ベーシック 国際取引法

多田 望・北坂尚洋 編

小池未来・松永詩乃美・寺井里沙
片岡雅世・申 美穂・黄 軔霆・田中美穂

法律文化社

はしがき

みなさんは、身の回りにある物で、外国から輸入されたものはどれくらいあると思いますか？　思いついたのは、アメリカ製のスマートフォンやイタリア製のブランドのバッグ、そして、ドイツ製の自動車でしょうか。中国製の服・日用品やオーストラリア産の牛肉が頭に浮かんだ人も多いかも知れませんね。

では、日本の会社が製造したスマートフォンや自動車に、輸入は関係ないかというと、決してそうではありません。日本の製品を作っている材料や部品がどこの国から来たかということまでを考えに入れると、かなり多くの製品が輸入と関係があることになります。製品を作るために、外国でされた発明の特許権について日本の会社がライセンスを受けている場合もあります。そして、食べ物は多くの割合で、外国からの輸入に頼っています（日本の食料自給率はカロリーベースだと38%しかありません）。たとえ日本で栽培された野菜や果物であっても、種や肥料は外国からの輸入であったり、牛や豚のエサが外国から輸入されたとうもろこしなどの穀物であったりします。ここまで考えると、輸入という国際取引に全く頼っていない「純国内産」の物は、実は本当に少ないといってよいでしょう。

輸入のことを考えると今話したようなことになりますが、日本から外国へもたくさんの物が輸出されているので、毎日、かなり多くの国際取引があって、この国際取引は、私たちの普段の生活や仕事を成り立たせるとても大切な社会の基盤（ベース）になっていることが分かると思います。つまり、日々、多くの国際取引がスムーズに行われてはじめて、私たちは安心して暮らしていけるのです。国際取引がどのような仕組みで行われ、そのスムーズな実施を支える法の制度がどうなっているかは、グローバル化の中にいる今の私たちにとってはとても重要で、国際取引法を学んでその知識を身につけて活用できることは、社会や国に大きく貢献できる力になります。

この力は、もちろん輸出入の貿易や国際運送、国際金融、そして国際技術移転などを仕事とする方々にとって必要ですし、一方で、メーカー、商社、物流業界、銀行・保険会社などを就職先として目指す学生たちにとっては、就職活動で大きな武器（アイテム）になります。公務員志望の方も、国だけでなく、都道府県・市などの地方公共団体が地域産品の海外販売や外国企業の誘致などを支援する仕事を官民挙げて幅広く行っている現状を目(ま)の当たりにすれば、国際取引法の「力」は自分に必要であると思うことでしょう。また、このような国際取引法の学びは、自分の身の回りにある物（たとえばスマートフォン）の「本当の姿」を、いろいろな角度から理解することにもつながります。

この本は、国際取引法の重要性をみなさんにできるだけ分かりやすく説明し、楽しく国際取引法を学べるようにしたいという思いを込めてつくられました。執筆者は、これまであまりなかった「です・ます調」で『国際取引法』をていねいに描くことに挑戦し、そのなかで、国際取引の現場をイメージできる写真や図表によるビジュアル重視で、「分からない」「難しい」をなくす工夫を積極的に試みました。また、専門用語の解説だけでなく、契約や債権・債務、私法や公法などの基礎知識のフォローアップも意識し、これまでと違った『国際取引法』の学びが、この本では実現されています。各章の導入部分にある《設例》を「つかみ」にして、この章で学ぶことに進み、その章を解きほぐす学習課題を確認し、それから本論の扉を開けて国際取引法のそれぞれの世界(ワールド)に入って行くスタイルは、みなさんの「知りたい」「分かりたい」にきっと応えるものだと思います。国際取引法の最新の動向や興味深い情報を取りそろえた「コラム」と「トピック」は充実のラインアップで、巻末には、この本で登場する条約や法律の条文、そして国際取引で利用される書類のサンプルが掲載されています。本を読んでいて条文などが出てきたときには、これらの資料はきっと、みなさんの良い学びをサポートすることでしょう。ぜひこの本で、国際取引法を通じて自分の「人材力」を高めて、自信を持って自分の未来・将来を幸あるものにして行ってください。執筆者一同、心から期待しています。

本書中の図版に関する著作物使用と写真の掲載については、国際商業会議所（ICC）日本委員会、博多港ふ頭株式会社、そして公益財団法人日本海事広報協会（掲載順）から許諾を頂戴しました。読者の理解とイメージ作りへの多大なご協力に、伏してお礼申し上げます。また、本書の刊行にあたっては、法律文化社編集部の舟木和久様に大変お世話になりました。舟木様の叱咤激励と粘り強い努力がなければ、本書の刊行は成し遂げられませんでした。ここに深く、舟木様にお礼申し上げます。

2023年12月　　　　執筆者一同

目　次

コラム目次

トピック目次

第1章

国際取引法総論

これから国際取引法を本格的に学んでいきますが、最初に、広い視点から国際取引法全体の基本情報をインプットしておきましょう。まず確認したいのは、私たちの生活には国際取引との関係がたくさんあって、毎日のスムーズな国際取引を支える国際取引法を学べば、社会や国に貢献できる力が身につくことです(「はしがき」に詳しく書いたので、まだの方は読んでみてください)。では、全体像を知るために、国際取引の具体例からスタートです。

《設例》

みなさんの目の前にスマートフォンがあるとする。このスマートフォンが作られてからみなさんに届くまでにどんな国際取引が関係しているか、考えてみよう。

まず、想像してみることが大切です。たとえば、「これは日本のケータイ販売会社から買ったけど、アメリカ製だから、アメリカの会社から日本の会社が輸入したものだ」という国際取引をイメージした方は、正解です。「自分のスマホは日本製だから国際取引は関係ない」と思った方は、スマートフォンの中身を想像してみましょう。外国製の部品が使われていたり、金属や樹脂などの原材料が輸入品であったりすることは普通です。このように、異なる国にある会社の間で結ばれるいろいろな物品の売買契約は、輸出入の基本になる国際取引です。

次に、輸入されたこれらの物がどうやって日本まで運ばれてきたかを想像してみると、船や航空機による運送というサービスをイメージできると思います。運送会社が国境を越えて物品を運送するための契約は、国際取引の典型例のひとつです。

さらに、物品の代金が、買主である日本の会社から売主である外国の会社に、国境を越えて支払われる方法をイメージしましょう。国際的な支払については、世界の銀行がネットワークを作っています。銀行を利用した国際的な送金のための契約などは、国際的な金融が関係する重要な国際取引です。

この章で学ぶこと

・国際取引法とはどのようなものか、国際売買、国際運送、国際保険および国際支払という４つの国際取引を元に具体的なイメージをもとう。
・国際取引で重要な役割を演じる契約とは何か、契約の基本を知ろう。
・国際取引を規律する法にはどのようなものがあるか、法の種類と特徴を知ろう。

第１節　国際取引法とは

1　国際取引法の定義

さきほどの具体例で、国際取引とはどのようなものか、イメージできたでしょうか。では次に、「国際取引」の「法」である「国際取引法」を、正確かつ簡単に表現する言葉（フレーズ）（これを定義といいます）はどのようなものか、考えてみましょう。つまり、「国際取引法とは、……のことである」というものです。「今、勉強している国際取引法って、……のことなんだ」と定義をいえるようになると、ものごとの基本が分かって学びに自信がつきます。ぜひ、これから登場する法律用語についても、１つずつ正確に定義をいえるようにトライしましょう。

国際取引法にはいくつかの定義がありますが、その実際の姿をよく表すことができている点で、この本では次のようにして作られる定義を使うこととします。まず、「国際」とは「国と国との間」という意味なので、分かりやすく「国境を越える」と言い換えることができます。次に「取引」の方は、具体例や「はしがき」でもみたとおり、いろいろな物品やお金、そして知的財産権が関係する技術の移転、さらに運送などのサービスの提供などのことです。これらを合わせると、国際取引法の定義は、
「国境を越える物品、資金、技術の移転やサービスの提供などから生じる法的問題を規律する法」
になります。難しそうな法律用語でも、このような言い換えを利用して定義を理解する方法が身につけば、法学を楽しめるようになります。

そして、国際取引法は、国際取引に関して生じる問題のうち、「法的問題」を規律して解決します。実のところ国際取引をするには、たとえば「価格がいくら

だと利益が出るか」、「外国に商品を運ぶのに船便と航空便のどちらが良いか」や、「これを外国で人気商品にするためにどのようなマーケティングを行うべきか」などの経済的・商業的な問題もたくさん出てきます。しかし、国際取引法が対象にするのは、「法が規定を置いていて、法の解釈・適用によって解決できる問題」、すなわち法的問題に限られます。法的問題が具体的にどんなものであるかは、簡単には、裁判所で争われている問題がどのようなものかをイメージしてみるとよいでしょう。たとえば「届いた物品が壊れていたので、新しいものを売主に請求することはできるか」、「代金が期日になっても支払われないので、買主に請求できるか」、また、「貸した金が返されないので、その返還を借主に請求できるか」などです。このような、法を解釈・適用して解決できる法的問題であって、国境を越える物品、資金、技術の移転やサービスの提供などから生じるものについて、国際取引法は規律しています。

2　国際取引の特徴

ここで、国際取引法をさらによく理解するために、国際取引を国内取引（たとえば、日本の会社どうしが日本で結んだ、日本にある物品の売買契約）と比べてみましょう。「この2つが違うところは？」ときかれて、何が思い浮かぶでしょうか。ここでも役に立つのは具体例です。さっきも使ったスマートフォンの売買を例にしましょう。

⑴　越境・遠距離

まず、国際取引法の定義で出てきたように、国際売買と国内売買とでは、「国境を越える」取引かどうかで違いがあります。国際取引では売主や買主は異なる国にいるので、国内取引に比べて、送金や物品の移動も遠距離になるといえます。そうすると、国際取引では、商品の長距離運送中の事故に備えて保険が必要になるなどの特徴が出てきます。

⑵　外貨による決済

次に、日本の国内売買ではスマートフォンの代金は普通、「円」で支払われますが、国際売買では必ずしも「円」で決済できるとはかぎりません。どの国の通貨を使うかは契約の当事者が合意して決めますが、国際取引では米ドルやユーロなどの外貨で支払われることも少なくありません。この場合、円高・円安などの為替（かわせ）レートの変動に伴って、為替リスク（第7章コラム⑱：為替リスクとヘッジを参照）が発生するという特徴が生まれます。

(3) 取引言語・契約意識の相違

さらに、言語や契約意識に目を向けると、日本の国内取引であれば、日本語をしゃべって、契約についての基本的な考え方が同じである者どうしで契約が結ばれるのが普通です。しかし、国際取引であると日本語が使えるとはかぎらず、また、契約意識（文化）が異なる者との間の契約交渉になって、細かな点での意思疎通が難しいためにトラブル発生の確率が上がる可能性があります。

(4) 各国法の相違

そして、たとえば契約違反のトラブルが発生した場合、日本の国内取引では日本の国内法である民法や商法が適用されて問題が解決されますが、国際取引では日本法が適用されるとはかぎりません。各国はそれぞれ自国の法を制定しているため、法の内容は基本的に世界の国々で異なります。このため、国際取引では、売主と買主のそれぞれが適用して欲しいと思う法が違うと、契約の締結や紛争解決で困難が発生します。

このため、国際取引に関しては、条約を作って法を統一する試みがあります。その最も有名な例が、国際物品売買契約について世界規模での法統一を目指している、「国際物品売買契約に関する国際連合条約」です（詳しくは、第3章を参照）。

(5) 商人間のルールの発達

法の不統一から来る問題を避けるための別の特徴として、国際取引では、国際的な商人間のルールの発達をあげることができます。世界の商人たちは古くからの歴史の中で、自分たちの国際取引をスムーズに行えるように民間の力でいろいろなルールを作ってきました。物品の国際的な売買契約について、貿易のための基本的な条件のいくつかを定めているインコタームズがいちばん有名な例で、インコタームズはフランスに本部がある国際商業会議所（ICC）という民間団体によって作成されたものです（詳しくは、第2章を参照）。インコタームズは、国家が制定する条約や法律ではないけれども、国際物品売買契約で必ず使われる必須アイテムです。このようなルールは民間統一規則と呼ばれます（詳しくは、第3節2を参照）。

また、国際取引をスムーズに行えるようにした商人たちの努力として、国際取引の標準契約書式があります。標準契約約款（約款とは、条項のことです）とも呼ばれますが、これは、売買や運送、保険などのさまざまな業界団体が、同種の契約を結ぶたくさんの人たちのために作成した契約書のモデル（ひな形）です。契約を結ぼうとする当事者が、自分たちの契約に合った標準契約書式に、必要な事項（会社の名称や品物、その個数など）を書き込めば、その業界で通用するきちんとした契約を作成することができます。たとえば国際貨物海上保険契約では、伝統的にイギリス発祥の標準契約書式が世界で使われています（詳しくは、**第6章第2節**を参照）。標準契約書式は、契約をする当事者によって使われれば、その種類の契約に関するルールが世界で実質的に統一されているのと同じような状況になります。

(6) 国際商事仲裁の発達

契約違反などの紛争は、裁判所で訴訟をして解決すること（詳しくは、**第10章**を参照）が一般に考えられます。しかし、紛争解決の方法に関しての国際取引の特徴として、国際商事仲裁の発達があります。これから学ぶいろいろな国際取引の法には、国内取引の法にない専門的な知識（たとえば、インコタームズ）が使われています。このため、たとえば「スマートフォンの特許権や国際取引に詳しい法律家」を、売主や買主が世界の弁護士や企業人、大学教授などの中から探して仲裁人に選定できる仲裁が、裁判（裁判官はその国の公務員で、当事者が自由に選ぶことはできません）よりも紛争解決にとってふさわしいとの声がよく聞かれます（詳しくは、**第9章第2節2(1)**を参照）。

(7) 特別な公法的規制

最後に、国際取引に関しては、国家利益のために、輸出入についてさまざまな行政上・刑事上の規制があります。たとえば、兵器に転用されそうな技術の輸出禁止や通貨の国外への持ち出しの管理、また、希少生物の取引禁止などです。これらは、国家権力が国民（企業も含みます）に対して命じる公法的規制で、これらに違反すると、事業の許可や免許が取り消されたり、罰金などの刑罰が科せられたりすることにつながります。

これらを表にまとめると、次のとおりです。

図表1－1　国際取引の特徴のまとめ

越境・遠距離	国境を越えた取引　⇒契約交渉・締結のための渡航、品物の長距離運送、保険の必要性、送金中のリスクなど
外貨による決済	貨幣単位の相違、異なる金融・決済システム間の取引　⇒為替リスクの発生など
取引言語・契約意識の相違	異なる言語間・契約意識（文化）間の取引　⇒契約交渉・締結や紛争解決における意思疎通の困難
各国法の相違	法の異なる国の企業間の取引　⇒契約交渉・締結や紛争解決における共通認識形成の困難、各国の民商法等の相違　cf. 法の統一への努力、統一私法条約
商人間のルールの発達	商人法、民間統一規則（インコタームズなど）、標準契約書式、モデル法など
国際商事仲裁の発達	専門的・中立的で手続も柔軟（英語を使えるなど）な紛争解決
特別な公法的規制	貿易管理法、外国為替法、通関法、投資規制法、独占禁止法、希少生物取引禁止法など

コラム❶　私法と公法

前述2(4)で出てきた民法や商法は、個人や企業などの私人の間における契約などの私的生活関係を規律する法で、「私法」と呼ばれます。私法は、私人間で発生するトラブル（契約違反や知的財産権侵害の損害賠償など）を解決する法なので、その違反に対する効果として、契約に従った物品の引渡しや代金の支払、そして損害賠償などを定めています。これに対して、国家が国民に対して行使する公権力の関係を規律する法は「公法」と呼ばれ、2(7)で出てきた行政上の許認可の取消しや刑罰などの制裁を定める法は公法です（第4章第1節3も参照）。国際取引法では普通、国際取引に関する私法を中心に学ぶことが多いので、この本もそれに従って基本的に、私法に焦点を合わせて説明します。

なお、国際法は国家間の公権力行使に関する法なので、公法です。そして、条約は国際法の一種なので、公法に分類されます。国際取引法で登場する統一私法条約も公法ですが、私人間における各種の契約を対象にしているので、私法のように契約の成立・有効性や債務不履行などを規定しています。統一私法条約の加盟国には、条約のこれらの規定に従って自国の民法や商法を改正したり、これらの規定を自国の裁判所で私人間の契約に適用したりすることが、加盟国間の約束として義務付けられています。このような形で加盟国の法の一部になる統一私法条約は、公法ではありますが、国際取引法における重要な検討対象の1つです。

3　この本で取り上げる主な国際取引

今、説明したような特徴がある国際取引にはいろいろなものがあり、「はしがき」を含めてこれまでにも、国際物品売買、国際運送、国際貨物保険、国際支払、知的財産権のライセンスが出てきました。そのほかにも、プラント輸出、国際販売店・代理店契約、国際的証券発行などがよく知られます。

国際取引で最も重要と考えられるのが、製品や原材料、資源などの輸出入に関する国際物品売買契約です。そして、この国際物品売買契約と、その履行に必要な国際運送契約、国際貨物保険契約、国際支払の4つの取引を中心に、この本では国際取引法を学びます。これらの4つがどのように関係しているか、アメリカから日本へのスマートフォンの輸入という国際取引を例に説明しましょう。

(1)　国際物品売買

1つ目として、アメリカの会社（売主）と日本の会社（買主）との間に、スマートフォンの①国際物品売買契約が結ばれることになります（前述の《設例》で、1つ目に登場した国際取引です）。この国際物品売買契約は、輸出入の出発点となる国際取引であって、国際取引法を学ぶ上でいちばんの基本となるものです（**第2章〜第4章**を参照）。

(2)　国際物品運送

次に、①国際物品売買契約上の義務として、売主であるアメリカの会社はスマートフォンをアメリカから日本まで、国境を越えて買主である日本の会社に引き渡さなければなりません。ここで登場するのが、②国際物品運送契約です（前述の《設例》で、2つ目に登場しました）。この契約は、荷主（にぬし）（売主と買主のどちらがなるかは、①国際物品売買契約で売主と買主が話し合って決めます。**第2章**のインコタームズを参照）と運送会社との間で結ばれ、運送会社はアメリカから日本まで荷物を運びます（**第5章**を参照）。

(3)　国際貨物保険

この②国際物品運送契約によって荷物は国境を越えて運送されるのですが、たとえば海上運送であれば、長距離の運送の間に台風による雨や波、また船の衝突などで荷物が壊れたりすることがあります（前述**2**(1)を参照）。このため、3つ目の契約として、運送中の事故に備えて、③国際貨物保険契約が結ばれます。これは、売主と買主のどちらか（どちらがなるかは、①国際物品売買契約で売主と買主が話

図表1－2　国際物品売買取引の全体像

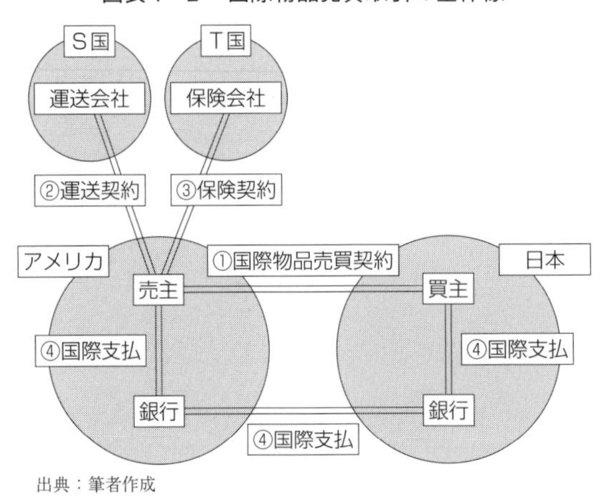

出典：筆者作成

し合って決めます。第2章のインコタームズを参照）と保険会社との間で結ばれます（第6章を参照）。

(4)　国際支払

最後は、代金の支払いに関するものです（前述の《設例》では、3つ目の国際取引として登場しました）。スマートフォンを①国際物品売買契約を結んで買う日本の会社（買主）は、アメリカの会社（売主）に代金を支払わなければなりません。このとき国際取引では普通、国境を越えて送金のネットワークを作っている銀行が利用されます。買主が売主に対して国境を越えて代金を支払うために銀行を利用する取引である④国際支払が、輸出入のための4つ目の国際取引です（詳しくは、第7章を参照）。

以上をまとめると、図表1－2になります（図は、売主が運送契約と保険契約を結ぶ場合のものです）。

そして、この本では、これら物品の輸出入に関する4つの基本的な国際取引に加えて、現代の国際ビジネスでますます重要になってきている知的財産権の国際取引に関する法（第8章を参照）を含めて、国際取引法を学びます。

第2節　契　　約

1　はじめに

今までの説明の中で、みなさんは、国際取引で繰り返し登場している大切な道具（ツール）に気づいたでしょうか。そう、「契約」です。国際物品売買契約や国際運送契約など、また、契約上の義務や契約違反といったキーワードでも使われています。取引はそもそも「契約」と言い換えることもでき、契約の基本を法的な観点からここで理解し、第2章からの本格的な国際取引法の学びに役立てましょう。

2　契約とは？

契約は企業だけがするものでなく、日々、私たちも日常生活の中で行っています。コンビニでパンやジュースを買ったり、通学・通勤のために電車やバスに乗ったりするのは、それぞれ売買契約と旅客運送契約になります。私たちはその場でお金を払って商品を受け取ったりバスや電車に乗せてもらったりするため、契約や法を意識することがあまりないですが、これらも民法や商法などの法が適用される正式な契約です。なぜなら、もしもお金を払ったのにお店がきちんとした商品を引き渡してくれなかったり、運転ミスで私たちがケガをして治療費を運送会社に請求したりする場合には、契約上の義務の違反という法的問題の解決が必要になるからです。

このように契約は、契約をした当事者に義務を発生させ、そして、この義務は法的なものなので、契約上の義務の履行は法によって強制されるという性質があります。これは、義務を負う当事者の相手方からみると、義務の内容どおりのことを請求できる権利が自分にあることを意味します。このような権利は、もしその内容、たとえば物品の引渡しやお金の支払が義務者によって行われない場合、最終的には裁判所に申し立てて、強制執行によって義務者から物品を取り上げたり、お金を取り立てたりして、そのとおりの実現が行われます。契約は、このような法的強制力が認められる権利と義務の性質のため、企業を含めて私たちが物やサービス、お金などを手に入れるための重要なツールになっているのです。

3　契約の成立と有効性

契約は、売買契約であれば、「売ります」「買います」という当事者の「意思」をベースにしてできています。言い換えると、契約は、当事者がそれぞれ、「物を引き渡します」「代金を払います」という義務を自分で負う「意思」を基礎にしています。つまり、契約の法的強制力は当事者の意思から生まれている、ということができます（意思の表示（以下、意思表示と略）を基礎にして、法的強制力が認められる行為を特別に、「法律行為」と呼びます。法律行為の用語は民法などの法律でよく使われていますが、ほぼ契約のことと考えて問題ありません）。

当事者の意思をベースとする契約は、一般に、申込（もうしこ）みと承諾（しょうだく）のそれぞれの意思表示がぴったり合って一致することで「成立」します。つまり、契約の成立要件は、「申込と承諾の意思表示の合致」です。たとえば売買契約で、「これを１万円で売ります」という申込に対して、「これを１万円で買います」という承諾があれば、契約が成立します。

しかし、契約が成立したとしても、その契約は「有効」であるとは限りません。たとえば、当事者がいくら真剣に本心で「その物品」の売買について申込みと承諾をして、売買契約が成立したとしても、その物品が麻薬であれば、その売買契約は社会的に許されないものとして公序良俗（こうじょりょうぞく）違反（民90条参照）であり、「無効」です。このような有効要件には、公序良俗違反のほか、詐欺・強迫（騙（だま）されたり脅（おど）されたりして結ばされた契約は、後で取り消すことができます。民96条１項参照）などが関係します。

4　契約の効力——債権・債務の発生

このように契約は、「有効に」「成立」してはじめて、その法的効力を発揮します。有効に成立した契約は、これまで述べてきたように、当事者に権利・義務を発生させます。契約で発生する基本的な権利は、たとえば売買契約の売主については、買主に代金の支払を請求できる権利、買主については、売主に物品の引渡しを請求できる権利です。これらのような、「特定の者に一定の行為を請求できる権利」は「債権」（これを有する者は「債権者」）と呼ばれ、その裏側として、債権者に対してその一定の行為をしなければならない義務は「債務」（これを負う者は「債務者」）と呼ばれます。したがって、有効に成立した契約の効力は、契約した内容どおりの「債権・債務の発生」になります。

契約の法的強制力は、債権・債務の発生があってこそ認められるので、契約が有効に成立したかどうかはとても重要です。契約の成立要件と有効要件は、法で定められています。国際取引の契約に関して、それらを規律する法がどのようなものか、後で詳しく学びましょう（第３章第３節、第４章第２節などを参照）。

コラム❷　債権と物権

「債権」と比べられる権利として、「物権」があります。所有権が物権としてよく知られていますが、債権と物権には、たとえば次のような違いがあります。債権は、特定の人（債務者）に対してしか主張できませんが、物権はすべての人に主張できます。たとえば、お金の貸主（債権者）が、返済を請求する債権を主張できるのは借主（債務者）に対してだけです。これに対して、たとえばスマートフォンの所有権を有する者は、自分が所有者であることを誰に対してでも主張でき、スマートフォンを奪おうとする者がいればそれが誰であっても、所有権に基づいて妨害排除請求ができます。このように、物権は誰に対してでも主張できるけれど、債権は、物権と違って、契約上の債権であれば契約を結んだ相手（債務者）との関係でしか使えないという重要な制限があることに注意してください（物権については、**第4章第4節**も参照）。

5　債務の履行と不履行

契約が有効に成立すると債権・債務が発生しますが、債務者は債権者に対して、債務の内容どおりの行為を行うこと（履行）をしなければなりません。たとえば、買主は売主に対して代金支払債務の履行を、また、売主は買主に対して物品引渡債務の履行をしなければなりません（これから分かることですが、売買契約では売主と買主はそれぞれ、債権者であるとともに債務者でもあります）。債務は履行されると、消滅します。契約で発生するすべての債務が履行されれば、契約は目的を果たして終了します。

世界で毎日結ばれる数え切れない契約のほとんどは、問題なく、債務者によって債務が履行されているでしょう。しかし、世の中には、債務が履行されずにトラブルになる契約も決して少なくはありません。たとえば売買契約で、買主から代金が支払われない、また、売主から引き渡された物品の個数が足りないなどです。債務が履行されないことを「債務不履行」と呼びます。債務不履行があると、債権者は債務者に対して、債務の完全な履行や契約の解除、また、損害賠償の請求などをすることができ、債務者がこれらに従わない場合、最終的には裁判所で強制執行をしてもらえます（前述2を参照）。

債務者がどのような行為をしたら債務の履行があったことになるか、逆に言うと、どのような行為をしなかったら債務不履行になるか、また、債務不履行の場合にどのような請求ができるかは、最終的には法が決めることです。さらに、これらの請求については、仲裁や裁判で、その紛争解決が争われることもあります。裁判の場合、契約違反などの私法上の紛争は、各国の国内裁判所で訴訟をして解決することになります（詳しくは、**第10章**を参照。なお、国際（公）法上の紛争を解決する裁判所であるオランダの国際司法裁判所は関係ないことに注意してください。前述のコラム❶：私法と公法も、もう一度読んでみましょう）。

コラム❸　不法行為

契約の債務不履行があると、原則として、それから発生した損害の賠償を請求できる権利（これも債権です）が発生しますが、損害賠償請求権は、たとえば交通事故からも発生します。交通事故のような、ある者（加害者）が他の者（被害者）に対して侵害行為を行って損害を与えることを、不法行為（民709条参照）と呼びます。不法行為は通常、契約関係のない当事者の間で問題になることが多いですが、被害者（債権者）に損害賠償請求権という債権を発生させる点で、契約と並ぶ、債権の発生原因です。ただし、不法行為には、侵害行為によって損害が生じたという事実に対して「法」に基づいて債権・債務が発生する点で、特徴があります（契約では、「意思」に基づいて債権・債務が発生することについて、第２節３と４を参照）。国際取引法の検討対象は主に契約ですが、国境を越えた生産物責任（第４章第６節を参照）や知的財産権の侵害（第８章第４節コラム㉒を参照）などの不法行為も、国際取引法の検討対象になる問題です。

6　契約の種類によって異なる当事者の呼び方、債権・債務の内容

契約にはたくさんの種類があって、それぞれの契約で当事者の呼び方が異なり、また、発生する債権・債務の内容・名称も異なります。たとえば、物品売買契約と海上物品運送契約を例にすると、まず、売買契約の当事者は売主と買主、運送契約の当事者は荷主と運送人です。次に、債権の内容をみると、売買契約では売主に代金請求債権、買主に物品の引渡請求債権と所有権移転請求債権が発生します（債務の側からみると、売主に物品引渡債務と物品の所有権移転債務が、そして買主に代金支払債務が発生することになります。第２章第１節１）。海上物品運送契約で荷主に発生する債権は、運送品を目的地まで安全に運送することを請求できる債権と船荷証券の発行を請求できる債権、また、運送人に発生する債権は運賃請求債権です（第５章第２節１参照）。

契約を理解する１つのポイントは、最初に、その契約では、①それぞれの当事者は何と呼ばれ、そして、②この当事者の間にどのような内容・名称の債権・債務が発生するかをチェックすることです。それぞれの契約について、まずはこのようなまとめをして、契約の特徴をつかむことが大切です。

第3節　国際取引を規律する法

1　はじめに

契約の基本的な仕組みや債務不履行などの法的問題を知って、それらを規律する法にはどのようなものがあるかについても、興味が出てきたでしょうか。そこで最後に、国際取引に関係するいろいろな法をみていきます。まず、世界の商人たちが国際取引のために古くから作ってきた民間統一規則（第1節2(5)を参照）を説明します。民間統一規則は、国家が作った法に存在する法的強制力をもってはいませんが、このようなルールもその実際上の重要性から、国際取引法で学ぶ対象となっています。次に、国際取引のための私法を統一する条約（統一私法条約。第1節2(4)を参照）を検討します。最後に、国際取引にも適用される可能性がある、各国の民法や商法などの国内法についてみていきます。

2　民間統一規則

国際取引の特徴として、世界の商人たちの民間の力で作られたルールである民間統一規則の発展があることは説明しました（第1節2(5)参照）。民間統一規則の典型例がインコタームズですが、インコタームズは、国際物品売買契約で売主と買主が決めておかなければならないことがらのうち、物品はどこで引き渡されるか、また、運送と保険の手配は売主と買主のどちらがするかなどの重要事項を定める貿易条件の解釈ルールです（詳しくは、第2章を参照）。その他には、ユニドロワ（UNIDROIT）という国際機関が作った国際商事契約原則（詳しくは、第9章第5節コラム㉕を参照）が有名です。これは、世界中で適用されるべきバランスのとれた国際取引のルールの確立を目的として作成されたもので、国際的な商事契約について、その成立、有効要件、債権・債務の内容、債務不履行ばかりでなく、代理、相殺、債権譲渡、時効などを広く定めています。

民間統一規則は、各国の国内法と統一私法条約のような国家が作った法（国家法）でないので、国家権力を背景にした法的拘束力をもっておらず、契約に自動的には適用されません。民間統一規則が契約に適用されるためには、当事者がこれを「自分たちの契約に組み込んで使う」意思を示すこと（これを援用（えんよう）と呼びます）が必要です（このため民間統一規則は、援用可能統一規則とも呼ばれます）。この援用により、民間統一規則は契約の一部として、契約上の債権・債務の内容を明確化したり、補ったりする役割を果たせるようになります。このような性質から、厳密な意味では「法」と呼べない民間統一規則ですが、その中でもユニドロワ国際商事契約原則は、契約の当事者による援用によって、まるで民法や商法のような形で契約を規律することが想定されています。

また、国際取引の現場で一般的に使われる標準契約書式（**第1節2(5)**参照）があれば、これも民間統一規則と同じように、国際取引のルールを実質的に統一する機能を果たしています。

3 統一私法条約

国際取引の契約に関しては、各国の国内法を統一する統一私法条約を作ることが、世界で行われてきています（**第1節2(4)**参照）。というのは、各国の国内法は本来、自国の国民どうしで自国で行われる国内的なできごとに対して適用することを前提に作られているので、国際的なできごとに適用されることに向いているとは必ずしもいえないからです。国際取引の統一私法条約には、国際物品売買契約について、「国際物品売買契約に関する国際連合条約」（詳しくは、**第3章**を参照）、そして、国際物品運送について、「船荷証券に関するある規則の統一に関する条約」や「国際航空運送についてのある規則の統一に関する条約」（詳しくは、**第5章**を参照）などがあります。

ただし、条約を作るのは各国の利害も絡んで簡単でなく、国際取引のすべてについて、統一私法条約があるわけではありません。たとえば、国際貨物保険（詳しくは、**第6章**を参照）や、国際支払で登場する荷為替（にがわせ）信用状（詳しくは、**第7章**を参照）などについては、一般的に使われる統一私法条約がないことに注意が必要です。また、条約は、日本が加盟していなければ、日本国内において効力をもちません。ですので、ある国際取引の契約に関して日本の裁判所で紛争解決をする場合には、その契約を規律する統一私法条約があるとしても、その条約に日本が加盟しているかどうかが重要なチェックポイントになります。

日本では、国際取引に適用される統一私法条約があってそれが適用される場合、一般に条約の方が国内法よりも優先して適用されます。というのは、国際法である条約の方が、国内法である法律よりも効力が強いからです（前述のコラム❶：私法と公法も参照）。

コラム❹　強行規定と任意規定

国内法や条約などの国家法の規定は普通、当事者が適用されることを拒否しても、強制的に適用されます。しかし、法の規定の中には、当事者が「適用して欲しくない」と思って、その内容と別のことを合意すれば、適用されなくなったり、内容を修正できたりする法規定もあります。たとえば、国際物品売買契約に関する国際連合条約39条２項は、引き渡された物品の不具合について買主は売主に対して通知を、物品を受け取った日から「２年」以内にしないと損害賠償などができなくなる、と規定しています。ですが、売主と買主が通知の期間を短縮して「１年」と契約に定めれば、１年以内になります（詳しくは、**第３章第２節３**を参照）。適用されるかどうかは当事者の意思に任されているという意味で、このような規定を「任意(にんい)規定」といいます（日本法では民法91条を参照）。

これに対して、みんなのために守らなければならない「公(おおやけ)の秩序や善良(ぜんりょう)の風俗(ふうぞく)」に関係するために、当事者が合意しても適用を拒否できない規定を「強行(きょうこう)規定」といいます。契約上の債権・債務の関係については、意外かも知れませんが、民法などの国家法の規定の多くが任意規定で、当事者が合意した契約中の規定の方が国家法の規定に優先します。強行規定は、消費者や労働者と事業者の間、また荷主と運送人の間など、契約相手との力関係が対等でないために特に保護すべき経済的な弱者と強者との間で結ばれる契約に関して、多くみられます（消費者契約に関して**第４章第５節**、荷主の保護が必要な国際物品運送契約に関しては**第５章**をそれぞれ参照）。

4　国内法と国際私法

各国の民法・商法などの国内の法律（国内法）も国際取引に適用がありますが、国内法は原則として、国際取引の契約などの国際的私法関係に直接、適用されるわけではありません。各国の国内法は基本的に、国際私法という法によって、その国際的私法関係に適用されるべき法（準拠(じゅんきょ)法）として選択されてはじめて、適用されます（詳しくは、**第４章**を参照）。国際私法によって選択される国の国内法は、国際的な契約のすべての私法上の問題、つまり有効要件も含む「成立」や、債務不履行などの「効力」を規律します。

しかし、もしもその国際的な契約に適用される統一私法条約がある場合、先に述べたように条約が法律に優先するので（前述３を参照）、国内法は適用されませ

図表1－3　国際取引の法的規制の全体像

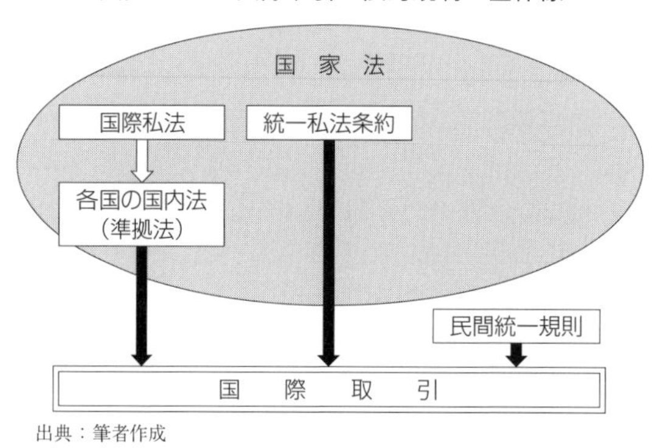

出典：筆者作成

ん。国内法が適用されるのは、①その国際的な契約に適用される統一私法条約がない場合、②それに適用される統一私法条約があるとしても、その統一私法条約が条文を定めていない問題がある場合などになります。たとえば国際物品売買契約に関しては、「国際物品売買契約に関する国際連合条約」があり、それが適用される場合、準拠法は、条約の背後から補充的に契約を規律する役割を果たすにとどまります（詳しくは、第3章を参照）。これに対して、国際貨物保険契約には統一私法条約がなく、準拠法と標準契約約款（やっかん）が重要な役割を果たします（詳しくは、第6章を参照）。

以上を簡単にまとめると（それぞれの優劣関係は省略）、図表1－3になります。

この全体像をもとにして、国際物品売買、国際物品運送、国際貨物保険、国際支払、技術移転などの契約を規律するそれぞれの法を具体的に学ぶことになります。そこでポイントになるのは、その国際取引の契約について、①当事者の援用によって契約に組み込まれる民間統一規則はあるか、②適用される統一私法条約はあるか、あるならばどのような内容か、③適用される統一私法条約がない場合には、準拠法はどこの国の法になるか、です。この視点から、特に、国際物品売買、国際物品運送、国際貨物保険、国際支払のそれぞれの契約に関して、国際取引法が規律する内容を、同じところ、違うところに注目しながら学んでいきましょう。

トピック❶　ソフト・ローと「ビジネスと人権」

これまで長らく、法的問題の実効的な解決には、法的強制力を基本的にもつ各国の国内法や条約が必要であると考えられてきました。しかし、最近、法的問題の解決方法として、民間統一規則やモデル法（国内法の調和を目指して、各国がその内容と同様の法律を制定する模範になるように作成されたルール）などのような、法的強制力を有しないために「弱い」はずのルール（このため、ソフト・ローと呼ばれます）が脚光を浴びています。

ソフト・ローとして特に注目されるのが、2011年に国連で策定された「ビジネスと人権に関する指導原則」です。これは、人権デュー・デリジェンス（適正な配慮）の観点から、企業がビジネスを行うときに起こりがちな労働者の権利の軽視や地域住民への悪影響（環境破壊）などの人権侵害の予防や問題解決に役立つルールを定めていますが、条約でも、もちろん国内法でもないため、違反者に対して罰則を科したり、行政処分や損害賠償責任を課したりする直接の規定はなく、法的強制力はありません。それにもかかわらず、企業や国家などの多数の関係者がそれに自発的に従って、人権侵害の防止・救済に努める傾向が世界的に生まれてきています。世界にはいろいろな労働法や消費者法、環境法など（法的強制力を有するこのような国家法は、ソフト・ローに対して、ハード・ローと呼べるでしょう）がありますが、これらが100年以上取り組んでもなかなかなくならないビジネスにおける人権侵害を減らす効果を、この指導原則は法的強制力がなくても発揮し、多くの人々を実際に救うガイドラインになっています。

第2章

国際売買１：インコタームズ

みなさんは通販で物を購入したことはありますか。通販では、みなさんが購入した物をみなさんの元まで届ける運送については、お店が手配してくれますね。それでは、その運送にかかる費用は、みなさんとお店のどちらが負担したでしょうか。また、お店が物を発送してから、みなさんの元に届くまでの間に壊れてしまっていた場合、お店は対応してくれることになっていましたか。その場合のお店の対応は法的な義務なのでしょうか、それとも厚意なのでしょうか。

国際的な売買取引でも、同じことが問題になります。次の設例を元に考えてみましょう。

《設例》

日本の会社Ａは、ヨーロッパ各国から輸入したアンティーク家具を日本国内で販売している。Ａは、イギリスの会社Ｂとの間で、ＡがＢからイギリス製アンティーク家具を購入するという内容の売買契約を締結しようとしている。

商品であるこの家具を船舶で運送するとしましょう。そのための海上運送契約を運送会社との間で締結して運賃を支払うのは、売主となるＢでなければならないわけではなく、買主となるＡでもかまいません。イギリスから日本への海上運送には数週間かかり、その間に商品を載せた船舶が荒天等に遭遇する可能性もあります。もし海上運送の途中で商品が壊れてしまったら、Ａは望んでいた商品を受け取ることができませんが、そのような場合でもＡはＢに代金を支払わなければならないのでしょうか。そうだとすると、Ａは商品が壊れたことによって損をしないために、保険に入る必要があるでしょう。反対に、このような場合にＡが代金を支払わなくてもよくなるとしたら、商品が壊れたことによって損をするのはＢになるので、Ｂにこそ保険が必要になります。

このような売主と買主の間での費用とリスクの分担は、国際物品売買契約の重要な問題です。多くの国際物品売買契約では、これらについて、インコタームズを使って取り決めています。この章では、インコタームズとは何か、どのように使うのか、インコタームズを使うと国際物品売買契約がどうなるのかを学びましょう。

この章で学ぶこと

・インコタームズとは何か、どのように使うのか、インコタームズを用いることでどのような効果があるのかを理解しよう。
・インコタームズが何を定めているのかを学ぼう。「FOB 神戸港（インコタームズ2020）」と契約書に書くことで、当事者は何を合意したことになるのか考えてみよう。

第1節　国際物品売買契約と貿易条件

1　国際物品売買契約

物品売買契約とは、物とお金を交換する契約であり、この契約により、売主は買主に対して物品を引き渡す義務を、買主は売主に対して代金を支払う義務を負います。これが国境を越えて（⇒第1章第1節1参照）行われるのが、国際物品売買契約です。

国際物品売買契約を締結する際には、契約書が作成されることが多いです。契約書には、契約当事者が合意した事柄が書かれます。国際物品売買契約の契約書にはどのような条項が置かれるのか、つまり、国際物品売買契約ではどのような事柄について当事者が合意をするのか考えてみましょう。

まず、国際物品売買契約によって売買される物品＝目的物に関連する事柄としては、目的物が何か、どれだけか（数量）、目的物はどのようなものでなければならないか（品質・仕様）、どこからどこまでどのようにして運送するか、誰が運送を手配する（＝運送契約を締結し、運賃を支払う）か、誰が保険を手配する（＝保険契約を締結し、保険料を支払う）か、どのような内容の保険を手配すればよいか等があげられます。また、運送を第三者に委ねる場合、売主にとっては、目的物がどこに達した時点で物品を引き渡す義務を果たしたことになるのかも重要です。

次に、代金の支払に関連する事柄としては、代金はいくらか（価格）、買主はどのようにして代金を支払わなければならないか、いつまでに支払わなければならないか、買主が代金を支払わない場合に備えた保証が必要であるか等があります。

そのほか、契約違反があった場合にどのような対応を相手に求めることができるのか（⇒第3章第4節）、当事者間で契約をめぐる争いが発生し、交渉でまとまらなかった場合にどのようにして解決するのか、どこで裁判することができるのか（⇒第9章、第10章）、契約や交渉で解決できない問題はどの国の法によって解決されるのか（⇒第4章）等も規定されます。

2　貿易条件

何をどれだけいくらで売買するかは、どの国際物品売買契約でも合意が必須となる事柄ですが、目的物やその数量・価格は、誰が何のためにする契約なのかによって多種多様です。それに対して、国際物品売買契約で当事者が合意する事柄として1であげたもののうち、たとえば運送と保険について誰が手配するかは、それぞれについて売主と買主の2択で、その組み合わせは4パターンしかありません。このような、国際物品売買契約でいつもあるいは頻繁に合意され、かつ、選択肢が限られるいくつかの事柄を、商人たちは古くからパターン化し、各パターンに名前を付けて用いることで、国際物品売買契約の内容決定を合理化してきました。たとえば、トマトソースを塗ってモッツァレラチーズとバジルを載せたピザが「マルゲリータ」と名付けられ、どこのピザ屋でもレシピではなくその名前で注文できるように、国際物品売買契約では、運送の手配は売主、保険の手配は買主、……という条件のセットに名前を付け、その条件を定める個々の条項を契約書に書く代わりに、「マルゲリータ条件（仮）」「マリナーラ条件（仮）」と書くことで契約書を簡略化してきたのです。

この条件のセットには、運送・保険の手配や通関手続を売主と買主のどちらが負担するか、どの時点で売主が物品の引渡義務を果たしたことになるのか、運送中に物品が壊れたりなくなったりするリスクを売主と買主のどちらが負うのか等の条件が含まれ、これらの条件のセットをさして貿易条件と呼んでいます。伝統的な貿易条件には、FOB、CFR（かつてはC&Fともいいました）、CIFがあります。売主と買主が、貿易条件としてたとえばFOBを選び、これを国際物品売買契約書に書き込めば、それだけで運送や保険の手配の分担等がすべて決まり、ひとつひとつ決めていく必要がなくなります。このように、貿易条件は非常に便利なので、古くから商人の間で広く利用されてきました。

しかし、貿易条件の内容は正式に定義されていたわけではなく、その解釈は国や地域によって異なっており、同じ貿易条件を使っていても、当事者間でその内容の理解に違いがあるということも出てきました（マリナーラには絶対にバジルが載っているものだ⇔マリナーラにはバジルは載せない）。そこで開発されたのが、インコタームズです。

第2節　インコタームズとは

インコタームズは、国際商業会議所（International Chamber of Commerce；ICC）（⇒コラム❺参照）が作成した貿易条件の解釈ルールで、民間統一規則（⇒第1章第3節2）のひとつです。正式名称は、「国内および国際定型取引条件の使用に関するICC規則（ICC Rules for the Use of Domestic and International Trade Terms）」といいます。

前述のように、FOBやCIF等の貿易条件は古くから商人によって、国際物品売買契約における当事者間の費用やリスクの分担を決めるためのものとして用いられてきましたが、それらの貿易条件の内容は定義されていたわけではなく、当事者の間でその内容の理解に違いがあるということもありました。そうなると、契約がある程度進んでから当事者間でこのような理解の相違が発覚し、トラブルになったり、それを避けるために契約締結前に貿易条件について細かく確認することが必要になったりと、便利なツールであるはずの貿易条件を使うためにリスクやコストが発生してしまいます。そこでICCは、貿易条件の内容を明確化し共通認識のもとで利用できるよう、貿易条件の統一的な解釈ルールとしてインコタームズをまとめ、1936年に初版を公表しました。

その後、インコタームズは、国際取引の状況の変化に応じて何度か改訂されています。たとえば、初版のインコタームズは、国際物品売買契約のための運送について海上運送を中心としていたため、鉄道運送の発達（1953年版）、航空運送の発達（1976年版）、コンテナ運送の発達（1980年版。コンテナ運送については後述コラム❼）にあわせた改訂がなされました。現在の最新版は、インコタームズ2020です。以下では、インコタームズ2020が定める貿易条件の解釈をみていきます。

インコタームズ2020は、次のページの図表2－1の11の貿易条件について解釈

図表2-1　インコタームズ®2020の11条件

	Ⓐいかなる単一または複数の運送手段にも適した規則	Ⓑ海上および内陸水路運送のための規則
E類型	EXW	—
F類型	FCA	FAS, FOB
C類型	CPT, CIP	CFR, CIF
D類型	DAP, DPU, DDP	—

を定めており、11の条件は、(A)複合運送を含むあらゆる運送手段に使用できる条件と、(B)水上運送のための条件に分けられています。海上運送を利用する国際物品売買の場合には、11の条件のうちどれでも使用することができますが、航空運送を利用する場合には、(A)に属する条件からのみ選択することができます。

これらの11の条件それぞれについて、10項目からなる売主の義務と買主の義務が定められています。10項目とは、①一般的義務、②［売主］引渡し・［買主］引渡しの受取り、③危険の移転、④運送、⑤保険契約、⑥引渡書類／運送書類、⑦輸出通関／輸入通関、⑧照合／包装／荷印、⑨費用の分担、⑩通知です。

第4節では、特に重要な②引渡し・引渡しの受取り、③危険の移転、④運送、⑤保険契約、⑦輸出通関／輸入通関の5項目について説明します。

コラム❺　ICC（国際商業会議所）

ICCは、フランス・パリに本部を置く世界的なビジネス機構で、国際貿易の促進を活動目的のひとつとして掲げています。130ヶ国以上に支部があり、企業や団体がその会員になっています。

ICCの主要な活動のひとつは、国際取引慣習に関する共通のルール作りを推進することで、インコタームズのように、国際取引における商人たちの間の慣習を民間統一規則（⇒第1章第3節2）という文書の形で明確化することにより、国際貿易の促進を図っています。インコタームズのほかにICCが作成した民間統一規則には、「ICC荷為替信用状に関する統一規則および慣例（2007年改訂版）」（UCP600）（⇒第7章第4節3）等があります。

また、ICCは、国際取引の当事者間で発生したトラブルの解決のためによく利用される仲裁（⇒第9章）の支援も行っています（トピック❾参照）。

ICCはこのほか、国際機関や各国政府に対して、民間の立場から意見を述べるという活動も行っています。

第3節　インコタームズの使用方法

1　貿易条件の表記方法とインコタームズの援用

インコタームズは、次のように使用します。

①FOB ②神戸港 ③(インコタームズ2020)

まず、インコタームズの11の貿易条件のうち、どの条件を使用するかを明記します（①)。図表2-1のとおり、条件はすべて、アルファベット3文字で表されます。

その後ろには、使用する貿易条件に応じて、決められた場所の情報を明記します（②)。明記すべき場所は、買主（またはその代理の運送人）がどこで物品を引き取るかにかかわる場所となっています（図表2-5参照)。たとえば、FOBの場合には、指定船積港（ふなづみこう）を記載します。上記の例では、神戸港を船積港として指定していることになります。②に書かれる場所は、通常は引渡しの場所と一致しますが、C類型の条件の場合には異なるので注意が必要です（⇒後述第4節1）。

インコタームズは、民間の組織が作成した統一ルール（民間統一規則）であるため、それ自体が法律や条約のように法として拘束力をもつものではなく、自動的に適用されるわけではありません（⇒第1章第3節2）。そのため、契約においてインコタームズ2020の解釈に従って貿易条件を用いたい場合には、その旨を明記する必要があります（③)。インコタームズにはいくつかの改訂版があるので、何年版かも重要です。このようにしてインコタームズ2020を援用することで、インコタームズ2020の解釈での貿易条件（この例では、インコタームズ2020の解釈でのFOB神戸港）が契約内容となり、当事者の合意という形で当事者を拘束することになります。

2　インコタームズと契約価格

インコタームズの貿易条件はすべて3文字のアルファベットで表記されますが、それは各条件がどのような特徴をもつものかを表す英熟語を省略したものとなっています。

インコタームズの各条件を示す言葉の意味を理解するためには、契約価格を一緒に考える必要があります。実際に、国際物品売買契約書では、価格（Price）条項で、契約価格と貿易条件がセットで定められることが通例です。なぜなら、契約価格は、売買される物品そのものに対して支払われるものというよりは、契約全体に対して支払われるものとして、インコタームズで定められる運賃や保険料等の負担も考えに入れて決定されるからです。

たとえば、FOB（本船渡条件）は、Free On Board の略です。本船とは、船積港から仕向港までの物品の運送を行う船舶をいい、船積みや荷卸しの補助のために埠頭と本船の間の物品の運送を行う艀とは区別されます。FOB では、売主の役割は、物品を本船の船上に置くことまでで、そこまでの費用は売主が負担します。そのため、契約価格は、物品を本船の船上に置くまでの費用を売主が負担することを考慮して決定されます。このように、FOB は、売主の立場からみて、「船積みをすれば（On Board）、他のことはしなくてよい（Free）」、つまり、船積みまでの必要なこと（物品の港までの運搬や輸出通関、本船への積込みとそれらに関する費用の支払）はするが、その後の運送や保険についての負担や輸入通関はしなくてよいことを意味しています。

CFR（運賃込条件）は、Cost and Freight の略で、FOB と比較すると、売主には運送契約を締結して運賃を支払うという役割が増え、売主は FOB で負担する費用（Cost）に加えて運賃（Freight）を負担します。つまり、この場合の契約価格は、運賃込（いわば送料込み）であるというわけです。売主がさらに保険契約も締結して保険料（Insurance）も支払う場合には、CIF（運賃保険料込条件：Cost[,] Insurance and Freight）となります。

このように、FOB、CFR、CIF は、アルファベット 3 文字の元の英熟語が何かを分かっていれば、運送と保険の手配を売主と買主のどちらがするかが、自然と理解できるように作られています。

EXW（工場渡条件：Ex Works）は、売主が工場で物品を準備し、買主（またはその代理の者）がそこまで取りに来るという条件であり、引渡地から買主が望む地まで物品を運送するのに必要な運送と保険の手配や輸出入通関とそれらに関する費用はすべて買主が負担します。そのため、EXW を使用する場合、契約価格以外での買主の費用負担が最も大きくなります。

DDP（関税込持込渡条件：Delivered Duty Paid）は、指定された仕向地（しむけち）（買主側の国のどこか。仕向地とは、運送人による運送の目的地を意味します）までの運送・保険の手配や輸出入通関とそれらに関する費用をすべて売主が負担する条件です。売主によって輸入関税（Duty）まで支払われた状態で物品が指定仕向地に届けられ、そこから持って行く作業・費用負担だけが買主の役割となります。したがって、契約価格以外での買主の費用負担は最も小さくなります。

以下で具体的なルールをみていくと、買主にとっては、EXW が最も負担が重く、DDP が最も負担が軽いようにみえてくるかもしれません。確かに、運送契約や保険契約を手配したり、通関手続をしたりといった手間に関する負担についてはそのとおりです。また、危険負担についてもそうだといえます。しかし、契約価格はどの条件を選択しても同じというわけではなく、当事者が選択された条件に応じてどのような負担をするかを前提に決定されます。契約価格は、EXW では売主が物品を準備した後のあらゆる費用を一切負担しない分安く、DDP では売主が仕向地までの運送等のあらゆる費用を負担する分高くなるのが一般的です。そのため、買主の金銭的な負担については、契約価格とそれ以外の費用負担を総合して考えると、必ずしも EXW が最も重く、DDP が最も軽いというわけではありません（具体的にどうなるかは当事者間の交渉次第です）。

第４節　具体的なルール

１　引渡し・引渡しの受取り

インコタームズは、売主がどのようにして物品の引渡しをなすべきか、つまり、売主は何をすれば物品引渡義務の履行を完了することができるのかを定め、また、そのようにして物品が引き渡された時に買主が引渡しを受け取らなければならないことを定めています。

引渡しは、危険の移転と連動しており、危険の移転の基準となるという点でも重要です（本節２）。また、インコタームズによって引渡義務の履行地が合意されることになるので、国際裁判管轄にも関係します（詳細は、第10章第１節３(2)）。

各条件における具体的な引渡しの内容については、図表２-２～４：インコタームズ®2020における引渡し①～③に表しましたが、この図表では基本的な引

図表 2－2　インコタームズ®2020における引渡し①

EXW 指定地で物品を買主の処分に委ねた時

FCA ①売主の施設または②その他の指定地で買主指定の運送人に物品を引き渡した時

FAS 指定船積港において買主指定の本船船側に物品が置かれた時

FOB 指定船積港において買主指定の本船の船上に物品が置かれた時

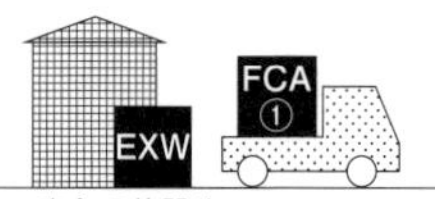

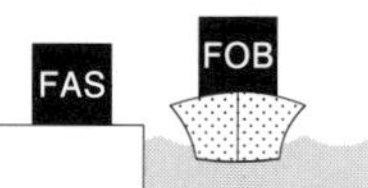

売主の施設やその他の指定地

フォワーダーの倉庫やコンテナヤード等の指定地

出典：ICC インコタームズ®2020

渡しの内容のみを記載していることに留意してください。なお、この図表では、運送手段の絵柄を、売主が手配するか（格子柄）、買主が手配するか（ドット柄）によって分けています。

ここでは、特によく用いられているFOB、CFR、CIFにおける引渡しについて説明します。これらの条件における引渡しは共通しており、船積港で本船の船上に物品を置くことです。FOBでは、指定船積港を併記しており、そこが引渡しの場所となります。

CFRとCIFについては、それらに併記される場所は指定仕向港であり、引渡しの場所である船積港とは異なるので注意が必要です（同様に、同じC類型のCPTとCIPも指定仕向地を記載しますが、これは引渡しの場所である運送人に引き渡される場所とは異なります）。CFRまたはCIFの場合、インコタームズの援用に際して必要な記載だけでは、船積港がどこかは特定されないので、必要に応じて合意し、または買主は運送を手配する売主から情報を得ておかなければなりません（CPTとCIPについても同様です）。

2　危険の移転

ここでいう危険とは、売買された物品が当事者のせいでない理由（たとえば、落雷や地震）によって壊れたりなくなったりすることをさし、このような場合に、売主が買主に対して代金の支払を求めることができなくなる（売主が危険を負担する）か、それとも、完全な物品を手に入れられないにもかかわらず買主が契約どおりの代金を支払わなければならない（買主が危険を負担する）か、それがいつの時点で切り替わるかが問題となります。

インコタームズでは、どの条件でも原則として、インコタームズで定められる

図表2－3　インコタームズ®2020における引渡し②

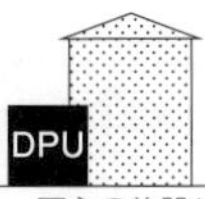

出典：ICC インコタームズ®2020

とおりに物品が引き渡されるまでは、売主が物品の滅失または損傷の一切の危険を負担し、そのようにして物品が引き渡された時から、買主が物品の滅失または損傷の一切の危険を負担するとされています。引渡し前に物品の滅失・損傷が発生した場合には、売主は引渡しを完了できていないので、代替品を準備して引き渡さなければなりません（契約条項や契約に適用される法の内容によって、履行義務を免れられる可能性はあります）。これに対して、引渡し後に物品の滅失または損傷が発生した場合には、買主は契約どおりの物品を受け取ることはできませんが、その危険を負担するので、売主に対しては契約で定められている価格を支払わなければなりません。

FOB、CFR、CIF では、前述のとおり、引渡しは本船の船上に物品を置くことであるため、本船の船上に物品が置かれるまでは売主が物品の滅失または損傷の一切の危険を負担し、本船の船上に物品が置かれた時から買主が物品の滅失または損傷の一切の危険を負担することになります。

ただし、FOB では、売主は、買主が指定する本船の船上に物品を置かなければならないので、買主の協力なくして引渡しをすることができません。そのため、買主が本船名等の引渡しに必要な情報を売主に通知しなかったり、買主指定の本船が予定どおりに到着せず、または物品を引き取ることができなかったりしたことで売主が引渡しをすることができなかった場合には、引渡しがされなくとも、一定の時期に売主から買主に危険が移転することが定められています。

危険負担の問題は、売主と買主にとって、代金を支払ってもらえないか、それとも物品が届かないにもかかわらず代金を支払わなければならないかという、とても重大な問題にみえます。しかし、実際には、あまり深刻な問題にはなりません。というのも、多くの場合、このような危険に対して、当事者は保険（⇒第6

図表２－４　インコタームズ®2020における引渡し③

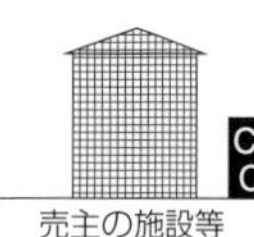

出典：ICC インコタームズ®2020

章）に入ることによって対処しているからです。売主が危険を負担しているタイミングで物品が滅失・損傷した場合、売主は、保険会社に保険金を請求し、受け取ったお金で新たに物品を調達して引渡しをします。これに対して、買主が危険を負担しているタイミングで物品が滅失・損傷した場合には、買主が保険会社に保険金を請求し、受け取ったお金で新たに物品を発注します。このように、保険に入っていれば、売主も買主も損をすることはありません。よって、危険の移転時期の主要な機能は、とりわけ海上・航空運送中の保険が売主と買主のどちらにとって必要であるかを決めることであるといえます。

3　運送

E類型・F類型の条件については買主が、C類型・D類型の条件については売主が運送契約を締結し、運賃を負担することとされています。運送を手配するのが買主か売主かという点が、FOBとCFR・CIFの大きな違いです。

CFR・CIFの場合、海上運送を手配するのは売主ですが、海上運送中の物品の滅失または損傷の危険を負担するのは買主です。そのため、売主が劣悪な運送を選ばないよう、売主が手配する運送は、通常の条件で、物品の運送に通常使用されるタイプの本船で、通常の航路によるものでなければならないとされています。

C類型の各条件においては、1で指摘したように、指定仕向地・指定仕向港を貿易条件とともに記載することになっています。その理由は、これらの条件では売主が運送を手配するため、当事者間の取決めとしては、買主が実際に物品を引き取らなければならない場所である仕向地・仕向港こそ明確にしておく必要があるからです。

図表2－5　インコタームズ®2020における通関、運送、保険の分担

いかなる単一または複数の運送手段にも適した規則		輸出通関	運送契約	保険契約	輸入通関
E類型	EXW［指定引渡地］ （Ex Works 工場渡）	買主	買主	（買主）	買主
F類型	FCA［指定引渡地］ （Free Carrier 運送人渡）	売主	買主	（買主）	買主
C類型	CPT［指定仕向地］ （Carriage Paid To 輸送費込）	売主	売主	（買主）	買主
	CIP［指定仕向地］ （Carriage and Insurance Paid To 輸送費保険料込）	売主	売主	売主	買主
D類型	DAP［指定仕向地］ （Delivered at Place 仕向地持込渡）	売主	売主	（売主）	買主
	DPU［指定仕向地］ （Delivered at Place Unloaded 荷卸込持込渡）	売主	売主	（売主）	買主
	DDP［指定仕向地］ （Delivered Duty Paid 関税込持込渡）	売主	売主	（売主）	売主

海上および内陸水路運送のための規則		輸出通関	運送契約	保険契約	輸入通関
F類型	FAS［指定船積港］ （Free Alongside Ship 船側（せんそく）渡）	売主	買主	（買主）	買主
	FOB［指定船積港］ （Free On Board 本船渡）	売主	買主	（買主）	買主
C類型	CFR［指定仕向港］ （Cost and Freight 運賃込）	売主	売主	（買主）	買主
	CIF［指定仕向港］ （Cost Insurance and Freight 運賃保険料込）	売主	売主	売主	買主

※保険契約欄の丸括弧は義務ではなく任意であることを意味する。

4　保険契約

原則として、運送中の物品の滅失・損傷の危険を負担する当事者が、物品の滅失・損傷により損害が生じた場合に補償を受けるために任意に保険契約を締結します。その当事者とは、E類型・F類型・C類型については買主、D類型については売主です。任意ではあるものの、通常は保険に入っておきます。特に、日本発着の国際運送のほとんどは海上運送であり、海上運送は物品の滅失・損傷のリスクが非常に高いので、保険に入っておく重要性も大きくなります。

E類型・F類型・D類型では、運送を手配する当事者と運送中の物品の滅失・損傷の危険を負担する当事者が一致します。これに対し、C類型では、運送を手配するのは売主、運送中の物品の滅失・損傷の危険を負担するのが買主となり、これらが一致しません。そこで、運送の手配とともに保険の手配を売主に任せることとする条件が、CIPとCIFです（前述のとおり、"I"は"Insurance"（保険料）を意味します）。この点が、CPT・CFRと、CIP・CIFとの違いです。

CIP・CIFにおいて売主が締結する保険契約は買主のためのものであるため、一定の水準の保険契約の締結が求められます。まず、別段の合意または特定の取引における慣習がある場合を除き、CIPにおいては協会貨物約款(A)、CIFにおいては協会貨物約款(C)、または同種の約款により提供される補償範囲を満たす保険契約を締結しなければなりません（詳細は、第6章第3節3）。また、保険契約は、信頼のおける保険会社と締結され、買主に対して保険会社に保険金を直接請求する権利を与えるものでなければならないとされています。

5　輸出通関／輸入通関

原則として、輸出通関に関しては売主が、輸入通関に関しては買主が、手続を遂行し、その費用を支払わなければなりません。

例外はEXWとDDPです。EXWは、指定引渡地からの輸出通関を含むすべての行程について買主が手配・費用負担するという条件であり、DDPは、指定仕向地までの輸入通関を含むすべての行程について売主が手配・費用負担をするという条件となっています。

コラム❻　通関

税関は、通関手続や密輸の取締りにより、その国における物品の出入国をチェック・管理する役割を担っています。

通関とは、売主側の国からの物品の出国または買主側の国への入国に際して、出入国させる物品について種類や数量、価格を税関に申告し、書類審査や現物の検査等を受けて税関から輸出許可・輸入許可を得ることをいいます。ここでは、物品が出国または入国してよいものかどうかがチェックされます。通関手続にあたっては、インボイス（商業送り状）、パッキングリスト（梱包明細書）、各種の証明書等を提出します。まずは書類審査が行われるため、これらの書類は重要です。輸出許可・輸入許可のために、関税が定められている場合には、これを支払う必要があります。
通関手続は複雑で専門的であるため、売主・買主は通常、通関業者に通関手続の代行を委託します。委託された通関手続を通関業者が行う際には、国家資格である通関士資格をもつ通関士が、通関手続のための書類審査を必ず実施することになっています。

第5節　コンテナ船による運送に適した貿易条件

FOB・CFR・CIF は伝統的な貿易条件であり、使用頻度も高いです。現在主流となっているコンテナ船で物品を運送する場合にも、これらの3つの条件が使用されていることが多いです。しかし、コンテナでの運送の場合に、FOB・CFR・CIF という「本船の船上に物品が置かれた時」に危険が売主から買主に移転する貿易条件を使用すると、売主は、コンテナターミナルで物品が運送人（の補助者）の管理下に入った後も危険を負担しなければならないことになります。そのため、ICC は、コンテナで物品が運送される場合には、FCA、CPT、CIP のうちのどれかを使用し、コンテナターミナルで運送人（ターミナルオペレーター）に物品が引き渡された時に買主に危険を移転させることを推奨しています。

コラム❼　コンテナ船による運送

コンテナとは、輸送に使用される容器のことであり、国際的に規格化されています。海上運送には、主として、20フィート（約6メートル）または40フィート（約12メートル）の長さのものが用いられています。貨物をコンテナに詰めれば、船舶に隙間なく積載し、また積み重ねることができるため、これにより大量の貨物の輸送が可能になりました。コンテナ輸送に特化した船舶をコンテナ船といい、コンテナを固定するための装置を備えています。コンテナのコンテナ船（→第5章第2節2）への船積みは、ガントリークレーンによって容易に行うことができます。
コンテナ貨物は、売主によってコンテナターミナル（港にある、コンテナを荷主から受け取り、保管し、船積みするための施設）に持ち込まれ、ターミナル内のコンテナヤード（コンテナの一時保管場所）（写真2-1）や決められた場所でターミナルオペレーター（ターミナルの運営者）に引き渡されます。コンテナは、コンテナヤードで保管された後、ターミナルオペレーターによって本船付近に移動させられ、ガントリークレーン（写真2-2）で本船に船積みされます。このように、コンテナターミナル内での作業は、ターミナルオペレーターが担っています。売主はターミナル内において、決められた場所でターミナルオペレーターにコンテナを引き渡す以外のことをすることはできず、船積みまでのコンテナの管理はターミナルオペレーターに委ねられます。

写真２－１　コンテナヤード

出典：博多港ふ頭株式会社

写真２－２　ガントリークレーン

出典：博多港ふ頭株式会社

トピック❷　英文契約書

日本の会社と外国の会社が国際物品売買契約を締結するとしましょう。社内では通常、それぞれの所在する国の言語が使用されているため、２社の使用言語は異なります。そのような場合、国際物品売買契約書は英語で作成されることが多いでしょう。典型的な英文契約書には、英文契約書の母国であるイギリス・アメリカの伝統や法制度がさまざまな点で反映されています。英文契約書で用いられる契約条項をいくつかみてみましょう。

国際物品売買契約では、売主の物品に関する品質保証の責任（担保責任）の範囲が重要になります。アメリカの統一商事法典（Uniform Commercial Code；UCC）は、UCC が定める売主の担保責任を契約で排除したり変更したりする場合に、契約書に顕著な形で記述することを求めています。このルールに従い、英文契約書で売主の担保責任を排除する場合には、その条項をすべて大文字で記載するなどの工夫がされていることがあります。

また、さまざまな種類の契約に共通して規定されるボイラープレート条項（一般条項）にも英米の法制度を背景としているものがあります。

不可抗力（Force Majeure）条項は、契約上の債務の履行が天災等の不可抗力を含む特定の事由により履行が不可能または困難になったり、遅延したりした場合に、債務者を免責することを目的とするものです。英米法では、このような場合に免責が認められる範囲が非常に狭いため、不可抗力条項は免責範囲の拡大に役立ちます。

英米では、当事者が契約上有する権利や救済手段を行使しないことによって、それらを放棄したのだと裁判所によって判断されることがあります。それを防ぐため、権利不放棄（Waiver）条項においては、権利等の不行使によってそれを放棄したことにはならないということを規定します。

完全合意（Entire Agreement）条項は、契約書に記載された内容が当事者間の完全かつ最終的な合意内容であり、契約締結以前にされた契約内容に関する当事者間の合意に契約書が優先することを規定するものです。これは一般に、英米の契約法の、契約締結以前にされた契約内容に関する当事者間の合意を証拠に契約書の内容を否認することはできないという口頭証拠排除原則（Parol Evidence Rule）の適用を確認する趣旨で規定されます。

第3章

国際売買2：CISG（ウィーン売買条約）

第2章では、国際的な物品売買契約の基本事項について定めているインコタームズを学びました。インコタームズは民間統一規則であるので、当事者が援用をしてはじめて、契約を規律することになります。では、続いて、当事者による援用がなくても適用される国家法を学んでいきましょう。この第3章では、国家法のうち、国際物品売買契約について各国の民法や商法などの私法の内容を統一する条約をみていきます。国境を超える売買を行って、何らかの法的トラブルが生じた場合に、何の条約がどのように問題を解決するか、次の設例を元に考えてみましょう。

《設例》

日本の商社Xは、フランスの有名ワインの生産会社Yとの間で、Yが一級畑のぶどうの果実のみを使って醸造した高級ワイン3000本を、「FOB ル・アーブル港（インコタームズ2020）」の貿易条件により3000万円で買う契約を締結した。X社が、日本に到着したワインを検査したところ、すべて品質が悪くなっていて、当初予定した価格で販売することができなかった。そして、品質の悪化の原因は、Y社の倉庫でのワインの保管状態がよくなかったことにあることが判明した。X社は、Y社に対して、どのような責任を追及することができるだろうか。

貿易についてのかなり本格的な設例なので、難しく感じているでしょうか。でも、すでに学んだインコタームズのFOBの援用があるので、たとえば、「ワインがY社からX社に引き渡されたのは、フランスの港で日本行きの本船に積まれた時だな」というように（**第2章第3節2**参照）、理解できることもあると思います。では、Y社がどのような責任を負うかはどうなるでしょうか。残念ながら、インコタームズが定めていることがらは、物品の引渡地や危険負担の移転時期などにかぎられています。ですので、**第1章第3節4**の終わりでみたとおり、適用される統一私法条約があるかどうかを検討します。国際物品売買契約については、現在、多くの努力を乗り越えて、「国際物品売買契約に関する国際連合条約」（United Nations Convention on Contracts for the International Sales of Goods）（以下、下線部分をとってCISGと略）があります。本章では、このCISGの基本を学んで、Y社がどのような責任を負うかなどの問題を解決できる実力を身につけましょう。

この章で学ぶこと

- **CISGがどのような統一私法条約であって、どんな契約に適用されるかについて知ろう。**
- **CISGは、国際物品売買契約から発生するどのような問題を解決するかについて知ろう。**
- **CISGによれば、このような問題が具体的にどのように解決されるか、規定の内容を理解して自分で答えを考えてみよう。**

第1節　国際物品売買法の統一とCISG

1　国際物品売買法の世界的な統一

CISGは、1966年に国際連合の一機構として発足した国際商取引法委員会（United Nations Commission on International Trade Law ですが、一般にはUNCITRAL：アンシトラルと呼ばれます）が作成しました。1968年に国際物品売買に関する法の統一が重要な議題となり、法統一に向けての作業がUNCITRALで開始しました。その努力が実り、1978年に条約草案が作成され、1980年にオーストリアのウィーンで開かれた62ヶ国が参加する外交会議でCISGが採択されました。そして、CISGは、1988年に11ヶ国の締約国（条約に加盟した国のことです）の間で発効することになりました。ウィーンで採択されたので、CISGは、ウィーン売買条約と呼ばれることもあります。2023年10月現在で締約国は97ヶ国にも上り、これはこれまで試みられた統一私法条約の中ではかなり締約国数が多く、成功例として知られています。日本は2008年7月1日にCISGに加入して71番目の締約国となり、日本では2009年8月1日に発効しました。これ以降、日本では、締約国にある会社との国際物品売買契約について、基本的には準拠法によらずにCISGで問題を解決できます（**第1章第3節3**参照）。そして、世界の貿易の輸出入額の7割以上を超える上位20の国・地域の大部分がCISGの締約国であるので、世界の貿易取引について、CISGが共通の契約法ともいえる状態になっています。なお、未加盟であるのは、イギリス、インド、香港、台湾、タイ、マレーシアなどの

図表３－１　世界の国・地域のCISGへの加盟状況（2021年８月７日時点）

■CISG加盟国

出典：筆者作成

国・地域です。

ところで、契約法に関する世界の共通標準ともいえるCISGが世界の共通ルールとして今後も機能していくために、CISGは、７条１項において「国際的な性質並びにその適用における……統一の促進」、「国際取引における信義の遵守（の）促進」の必要性を考慮すべきという解釈原則を規定します。これは、せっかく統一私法条約があっても、各国の裁判所での裁判がその国の法解釈で行われると、共通ルールをもつ意味がゆらぐため、CISGの適用にあたっては、起草過程をみることや各国の裁判例も参照することを求めているのです。そのため、実際にUNCIRTRALのウェブサイト（http://www.uncitral.org/）上に、CLOUT（クラウトと読みます。Case Law on UNCITRAL Textsの略です）というデータベースを設け、CISGの解釈をした世界の裁判例の要約をCISGの正文となる５つの言語（アラビア語、中国語、英語、フランス語、ロシア語およびスペイン語）で公開しています。日本の六法に掲載されているCISGの日本語訳は、外務省が作成した公定訳ではありますが、UNCITRALが正文として認めたものではありません。CLOUT等を参照するにあたって、多くの方は英語で読むことになるでしょう。

2　CISGの仕組みと使い方

CISGを使うには、まず、①契約が適用範囲に入るかどうかのチェックからスタートします。適用範囲に入る場合、CISGが次に定めているのは、②契約の成立要件です。そして、成立している契約について、③売主と買主にはそれぞれどのような義務があるか、その義務が履行されなかった場合、④買主や売主はそれぞれ相手方に対してどんな請求をすることができるか、が問題になります。CISGの仕組みを理解して、CISGをうまく使えるようになれば、最初に出てきた設例でX社がY社に対してどのような請求をすることができるかが分かるようになります。これから順番に検討していきましょう。

第2節　条約の適用範囲（1～6条）

1　地理的適用範囲（1条1項）

CISGは、どのような場合に適用されるのでしょうか。まず、CISGが適用される契約についてみてみましょう。CISGは、「国際」「物品」「売買」契約のみに適用されます。

契約の「国際」性は、契約が、異なる国に営業所を有する当事者間のものである場合に認められます（CISG 1条1項。当事者が複数の国に営業所を有する場合には、契約とその履行に最も密接な関係を有する営業所が基準になります。同10条a号）。そして、そのような国際契約の中でも、CISGは、まず、各当事者の営業所が所在する国がいずれも締約国である場合に適用されます（同1条1項a号）。一方の当事者の営業所が所在するのが非締約国である場合または両方の当事者の営業所があるのが非締約国である場合でも、その契約準拠法（法適用通則7条・8条で決まります。**第4章第2節**等参照）が締約国法であるときには、当該準拠法所属国の国内法ではなく、条約が適用されることになります（同b号）。つまり、b号による場合は、契約準拠法が締約国法であるときに、CISGが適用されることになるのです。なぜかというと、条約は、その準拠法である国の法の一部になっていると考えられるからです。

図表3－2　CISG 1条1項の適用基準

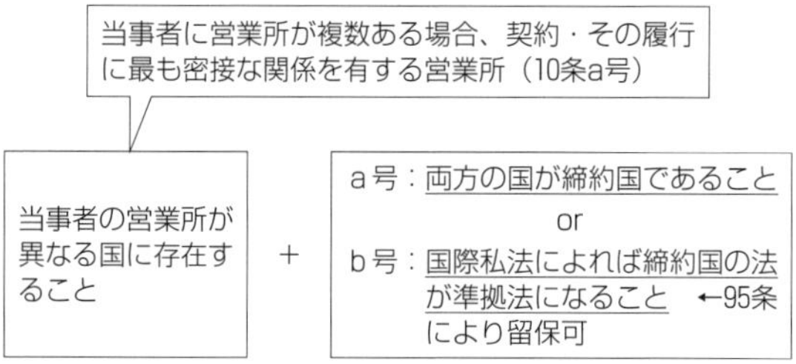

当事者に営業所が複数ある場合、契約・その履行に最も密接な関係を有する営業所（10条a号）

当事者の営業所が異なる国に存在すること	＋	a号：両方の国が締約国であること or b号：国際私法によれば締約国の法が準拠法になること ←95条により留保可

出典：筆者作成

それでは、最初の設例について、考えてみましょう。設例は、日本に営業所があるX社とフランスに営業所があるY社という、異なる国に営業所がある当事者の間の契約です。そして、日本もフランスもCISGの締約国であるので、この契約は1条1項a号の定める地理的適用範囲に入ります。

2　事項的適用範囲

CISGの地理的適用範囲の要件を満たした次は、契約について事項的な適用範囲が規定されており、CISGは、「物品」「売買」（CISG 1～3条）契約に適用されます。そして、対象事項は「契約の成立」「売主・買主の権利・義務」（同4条）で、各国の強行法にかかわる契約の有効性、所有権の移転自体は規律せず、準拠法（法適用通則7条以下・13条。**第4章**を参照）によることになります。

「物品」とは一般的には、動産のことになります。輸出入で取引される自動車、機械、原材料や農作物などはすべて物品なので、CISGが適用されることになります。設例のワインも物品です。ただし、CISGでは、株式などの有価証券、商業証券または通貨（同2条d号）、そして船や航空機（同e号）の売買は除外されます。その他、電気もf号で除外されていますが、ガスや石油の売買は除外されません。なお、規定中にあげられていませんが、CISGが物品売買、すなわち動産売買の条約であるため当然のこととして、不動産も除外されます。

「売買」とは一般に、代金と引き換えに目的物の所有権を移転する契約のことです。設例の契約はもちろん、ワインの売買契約です。これに対して、CISGでは、まず、個人使用目的の購入、つまり消費者契約による売買が除外されます（CISG 2条a号）。上で述べた1条のCISGの適用に関する規定上は、当事者の国籍のみならず、契約の民事または商事性も特に考慮されていませんが、この2条a号の規定によりCISGは事実上、商事売買に限定されています。これには、各国の消費者保護法とCISGが抵触することを避ける目的があります。そして、独自のルールがあって、かつ、落札時に売主は買主を知りえないため国際売買になるのかどうか予見しえない競売（同b号）、さらに、各国の強行規定にかかわる強制執行（同c号）も売買から除外されています。物品を製造・生産して供給する、いわゆる製作物供給契約は原則として売買契約に該当しますが（同3条1項）、物品を供給する当事者の義務の主要な部分が労働や役務の提供である、いわゆる役務提供契約は売買契約でありません（同3条2項）。

CISGは、これまで述べてきたような「国際物品売買契約」であれば適用されますが、この契約から発生するすべての問題に適用されるわけではありません。CISGが規律する事項は、①売買契約の成立と、②売買契約から生じる売主と買主の権利・義務に関する問題にかぎられます（CISG 4条前段）。そして、特に契約の有効性と物品の所有権の問題は、たとえ国際物品売買契約に関するものであっても、CISGの適用対象外です（同4条後段）。ただ、国際物品売買契約で通常、問題になるのは、①契約が成立したかどうかと、②売主や買主による契約上の義務の不履行があったかどうか、それがあったら相手方はどのような救済を請求できるかであるので、国際物品売買契約からトラブルが発生した場合、そのほとんどはCISGをみれば解決できることになります。設例のワインの売買契約でも、品質が悪くなったワインを引き渡したY社は債務不履行をしたか、もししたのであれば、X社はY社に対して、どのような責任を追及できるか（たとえば、契約の解除や損害賠償の請求ができるか）が問題になるので、CISGが適用されます。

コラム❽　プラント輸出

いわゆるプラント輸出契約、すなわち、主に先進工業国の受注者と発展途上国の発注者との間の、石油天然ガス・化学・発電などのプラント（産業施設）の建設のために機器や役務を供給し、現地で据付・調整を行い、引き渡す契約も、製造物請負契約が含まれていて、上述のとおりCISG 3条において売買として扱われるため、CISGが適用されることがあります。たとえば、コーティング設備のプラント輸出で、準拠法合意がないけれども両当事者がCISG締約国（中国とアメリカ）に営業所を有するためCISGが適用されると判断された2002年7月15日のCIETAC（第9章のトピック❾：主要な仲裁機関を参照）の仲裁判断があります（CLOUT no. 985, https://cisgw3.law.pace.edu/cases/020715c1.html）。

3　当事者の意思による適用排除

CISGは6条において、自らが任意規定（第1章第3節コラム❹を参照）であることを明らかしています。同条によれば、「当事者は、この条約の適用を排除することができるものとし、第12条の規定に従うことを条件として、この条約のいかなる規定も、その適用を制限し、又はその効力を変更することができる」（下線は筆者）のです。つまり、言い換えると、CISGの規定は必ず適用されるような強行規定ではなく、売主と買主は、CISGの規定と異なる内容を合意することができるし、そのような合意した契約条件があればその部分についてCISGの規定は排除されるということになります。たとえば、契約書にFOBやCIFなどの貿易条件を用い、その解釈についてインコタームズ（第2章）を援用する場合には、援用した部分（物品の引渡地や危険の移転時期）にかぎって、CISGを一部排除した（物品の引渡地に関する31条と危険の移転時期に関する67条の規定を適用しない）ことになります。このことは、契約の方からみれば、CISGには、当事者が契約中で定めをしておらず、他によるべきものがない場合のための補充規定としての側面があることを意味します。設例では、インコタームズ2020のFOBの援用による31条と67条の排除はありますが、CISGの全体を排除するX社とY社の合意は特にないので、基本的にCISGが適用されることになります。

なお、国際取引の長い歴史の中では商人たちにより継続して築き上げられてきた商慣習が少なくありませんが、当事者間で確立した慣行のほか、このような商慣習の拘束力ももちろん認められます（CISG 9条）。

第3節　契約の成立

以上のようなチェックをして、契約にCISGが適用されることが分かれば、CISGに基づいて契約の成立が判断されます。契約が成立するのは、法的にはどのような要件を満たす状態でしょうか。原則として、多くの国では、①申込みと

②承諾の意思表示が合致することとされています（第１章第２節３を参照。日本では、民法522条１項が定めています）。これは、当事者の意思が鏡を合わせたように一致する必要があり、鏡像（きょうぞう）原則（ミラー・イメージ・ルール）ともいわれてきました。CISG においても基本的にこのような契約の成立観が基本となっています（CISG23条）。以下で、申込みと承諾がそれぞれどのようになされる必要があるか、みてみましょう（なお、契約書の作成は成立要件ではありません。CISG11条）。

1　申込み

申込みとは、一定の契約を締結しようという意思表示であり、相手方の承諾によって契約が成立するものです。どのような要件を満たせば申込みとなるかについては、具体的には CISG14条に規定されています。すなわち、①特定の者に対してなされ、②十分に確定的であること、かつ、③承諾がなされた場合にはそれに拘束される旨の意思が表示されていることが必要です。確定的な内容であるとは、物品が示され、数量・価格ないしその決定方法が決まっているようなものをいいます。

そして、申込みの効力が発生する時期は、それが相手方に到達した時です（CISG15条）。しかし、CISG は、申込みの効力が発生したとしても、原則として申込みの撤回は可能（同16条１項）だと考えています。

コラム❾　法体系の違いを克服する努力

CISG は、各国の法の相違を克服し、多くの国が賛同できる条約を作ろうとするため、英米法系の規定と大陸法系の規定の間で妥協点を探る努力を、さまざまな規定で行っています。大陸法は、承諾期間のある申込みはその期間内には撤回できないと考えますが（日本法では民法523条１項を参照）、英米法では、一定の条件が整えば撤回可能だとされています。英米法は、申込みをするというのは、いわば取引の機会を相手方にギフトするにすぎないのであり、まだ承諾されるまでは契約とならないので撤回が可能だと考えられているのです。CISG は、承諾期間のある申込みはその期間内には撤回できないとしているのですが（CISG16条２項ａ号）、原則的には、承諾期間のない申込みは撤回可能（同16条１項）としています。つまり、この16条１項は英米法の考えを採用した現れだともいえるのですが、同条２項において大陸法の考えを採用することで、統一法を作成するための法体系の違いを克服するための工夫が凝（こ）らされていることが分かります。そして、CISG はこのような法体系の違いを乗り越えた統一法ともいえる規範を作ることで、実際に多くの国が受け入れやすくなり、締約国数も多くなり、統一法としての成功へとつながったといえるでしょう。

2　承諾（＝契約成立の態様）

⑴　承諾の方法・撤回可能性

同意を示す言明や同意を示す行為により、承諾は行われます（CISG18条1項）。すなわち、意思表示による一般的な承諾だけでなく、物品の引渡しや代金の支払などの履行行為によって承諾の意思を表すことも認められます。なお、普段、取引のある当事者間であっても、申込みに対して何も応答せず沈黙をしている場合は、日本法とは異なり（商509条）、承諾とはなりません（CISG18条3項）。そして、承諾の効力が発生するのは、申込みと同様に、相手方に到達した時ですので（同18条2項）、その承諾の効力が発生するまでは、撤回も可能です（同22条）。このようにして、承諾が到達した時に、契約は成立します（同23条）。なお、承諾の到達が遅延した場合、承諾の効力について、有効なものとして扱う選択肢を申込者に与える例外があります（同21条）。

⑵　変更を加えた承諾

①　契約の成否

申込みを変更した承諾は、申込みへの拒絶であり反対申込みとなります（CISG19条1項）。それは、契約の成立に関しては前述したように、世界の多くの国では申込みと承諾の意思が合致することが要件となるからです。ただし、それが申込みの条項の「実質的な変更」にあたらず、かつ申込者が異議を述べない場合は、承諾となり（同19条2項）、前述した鏡像原則は修正されています。その理由は、異なる国に所在する当事者が連絡をとりあって合意したせっかくの国際取引なので、契約をできるだけ成立したものとして扱おうとするためです（**第6節**1も参照）。またその他にも、当事者の意思が些細（ささい）な点で異なるからといって、いたずらに契約不成立と解されることのないようにするためです。たとえば、当初は異議を述べなかったのにもかかわらず、後で自社の経済状況や景気などが変化してから些細な相違を理由に履行を拒否し、契約不成立を主張することは許されるべきでありません。

それでは、申込内容に対する実質的な変更とは何でしょうか。CISG19条3項によると、主な契約債務の内容（代金、支払方法、物品またはサービスの品質と量、履行期、履行地など）、責任範囲、紛争解決方法があげられています。ただし、同項にあげられているもので一致しないものがあった場合に、必ず実質的な変更と解されるべきではないでしょう。たとえば、紛争解決方法には、一般的に契約の準拠法を選択する条項（**第4章第2節1**を参照）、また、紛争が生じた際に仲裁で解決することを定める仲裁条項（**第9章第3節**を参照）や、どの国で裁判をするのかについて示す裁判管轄条項（**第10章第1節3⑼**を参照）などがあります。これらは、各当事者が自社の書式を用意した標準契約条件中に予め記載されている事項であることが多く、書式を用いて契約を締結する国際取引では、ほぼ必ずといっていいほど、異なった内容となっているからです。しかし、その他の当事者が交渉を重ねて記載した、売買の目的物の仕様や価格などのいわゆる主契約に関する契約条件について両者間で一致しているにもかかわらず、紛争解決条項について当事者間で異なるからといって契約の成立を否定するのは妥当ではないといえるのではないでしょうか。実際の取引においては、このように全く変更のない承諾はむしろ少なく、実質的変更が何なのかは実務上非常に重要です。そこで、CISG19条3項に掲げられている事項は、例示列挙だと、学者たちは解釈しています。たとえば、準拠法条項に両当事者間で食い違いがあり、両者はそれについて特に気にも留めていなかった場合と、契約の交渉過程で準拠法が異なっている点について特に言及をし、自分の主張する準拠法を契約書で記載すべき旨を主張した場合では、やはり異なるといえるでしょう。前者の場合よりも後者の方が、実質的な変更にあたると解すべきケースだといえるでしょう。

最初のワイン売買の設例において、たとえば、X社が代金3000万円で購入することとして、自社の標準契約書をY社に送付したところ、売主であるY社がこの契約書に、ワイン価格の相場が変動した場合にはY社は価格の上乗せをできるとする「価格変更条項」を追加し、その他の部分はX社の標準契約書に合意した場合を考えてみましょう。この場合は、CISG19条3項に列挙された「代金」に関する追加的な条件にあたりますが、1995年のフランスの裁判例では、買主からの注文に対して売主が価格変更条項を加えて返答をしていた点について、CISG19条2項の実質的変更にあたらないとされています（Société Fauba v. Société Fujitsu, Court of Cassation, 4 January 1995/CLOUT Case no. 155)。これに対して、「代金」について実質的変更ありとしたのは、単価あたりの金額が異なるケースで、価格の異なる条件での返答は反対申込みであるとしたオーストリアの裁判があります（Oberster Gerichtshof, 6 Ob 311/99z, 9 March 2000/CLOUT Case no. 424)。この事案では、1キロあたり、28オーストリアシリングまたは40オーストリアシリングと、各当事者の価格条件が異なっていたものでした。このように「代金」に関するケースについても、各国の判例は19条3項にあげられた事項についても、事案ごとに柔軟に解釈しているといえます。

まとめると、変更のある承諾の場合の契約の成否は次のようになります。

変更のある承諾＝①実質的な変更→新申込み
＝②実質的でない変更→②a：申込者が異議を述べた→新申込み
→②b：申込者が異議を述べない→有効な承諾
（変更後の条件で契約成立）

② 契約内容の確定

このように、申込内容と承諾内容に異なる条件があった場合に、契約の成立が認められるとき、契約の内容はどうなるでしょうか。とりわけ、国際ビジネスにおいては、自社で予め作成した注文書や注文請書などの裏面に標準契約約款を印刷した書式を用いて契約を締結することがよくあります。そうすると、両当事者の裏面約款中の契約条項が異なる部分が存在することが非常に多く、それでも、異なる条件がある契約書、つまり申込者から送付された書式と異なる条件のある書式で承諾した場合、その食い違いのある部分について承諾者側が申込内容を修正したような状況になっています。だからこそ、上でみたように契約の成立を認めるなら、契約の内容をどうするかが問題となるのです。

CISGは、承諾内容が申込内容を実質的に変更しない場合には、契約が成立する（CISG19条2前段）とした上で、契約内容については、双方が履行行為に入る前に、最後に言及または送付された定型条項に基づいて契約が成立するとするラスト・ショット・ルールの考えを採用しています（同19条2項後段)。図表3－3に示したように、申込者の書式[A]に対して承諾者がα（アルファ）の修正（たとえば、4の内容の変更）をする承諾書[A＋α]の書式で承諾した場合には、申込者のA承諾

図表3－3　当事者間で異なる条件のある書式間の契約内容の確定方法

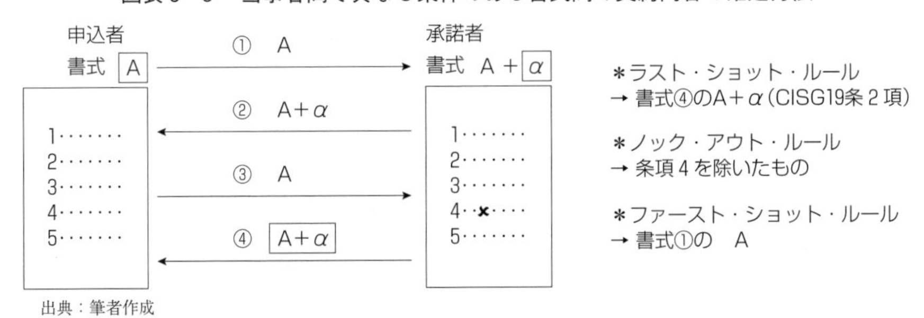

出典：筆者作成

の修正部分であるαを加えたものが契約内容となります。つまり、最後に送付された A＋α が契約内容となり、結果として最後に送付された書式が契約内容となります。

コラム⑩　書式の闘い　Battle of Forms

売主と買主が、自社の標準契約約款（いわゆる書式）を互いに送り合うことにより、ほぼいつも両者の書式間に食い違いが生じ、自分の契約内容で契約を成立させようとすることを、書式の闘い（Battle of Forms）といいます。書式の闘いについては、上述のとおり契約の成否と契約の内容確定の問題がありますが、おおむね契約の成否についてはCISG19条2項のように、承諾内容が申込内容を実質的に変更しないなら原則として契約成立となります。その場合に、どのような内容で契約が成立しているかは、伝統的には、最初に送付された契約書が契約内容となるファースト・ショット・ルールや、CISG19条2項のようなラスト・ショット・ルールの考えがありました。当事者は、自分の書式を最後に送られたものにするために送付合戦を延々と続けるため、まさに「書式の闘い」なのです。この場合、結局、契約の締結を遅らせてしまい、経済的ではないとの批判もありえます。そこで、近年は、ノック・アウト（knock-out）・ルールという、当事者の書式に定められている契約条項のうち、共通する条項に基づいて契約が成立するとする考え方が、CISG後に作成された国際契約に関する統一法（ユニドロワ国際商事契約原則（第9章のコラム㉕：「ユニドロワ国際商事契約原則」とはを参照）やアメリカ統一商事法典など）で採用される例が増えています。この解決法は契約の内容が事前には確定できず予測可能性に問題がありますが、当事者の書式の闘いをある程度回避できます。

第４節　売主の義務と義務違反に対する買主の救済

成立した契約について、売主および買主にはどのような義務（債務）があり、そして、その義務が履行されなかった場合に、相手方にどのような救済を求めることができるでしょうか。売買契約では一般に、買主が代金支払義務に違反するケースも多いですが、売主の物品引渡義務の方が買主の代金支払義務よりも複雑で重要です。この節では、当事者の義務として、まず、売主の義務を取り上げて解説し、その後に、その義務の違反（不履行）に対して買主に与えられる各種の救済について述べます。

1　売主の義務

(1)　売主の３つの義務

CISG30条は、売主の義務として、①物品の引渡し、②物品に関する書類の交付、および③物品の所有権の移転をする義務の３つを定めています。①と③は売買契約一般に通常、みられる義務ですが（第２節２を参照）、②は国際的な売買契約について特に登場する義務といえます（第７章第３節を参照）。

①　物品の引渡し

売主の中心的義務は、物品を買主に引き渡すことです。引渡しの場所や時期などについては、CISG31条以下に規定があります。引渡地がどこになるのかについては、31条に規定があり、運送を伴う場合は、最初の運送人に物品が引き渡された地などが引渡地として定められています。しかし、国際物品売買契約では通常、引渡地を定めているインコタームズが援用されることから（第２章を参照）、前述したとおり（第２節３を参照）、この31条の適用は排除される（CISG６条）ことになります。32条は、売主が運送を手配する場合（CIFやCIPなど）における適切な運送手段などによる運送契約の締結や、買主が保険をかけるために必要な情報の買主への提供など、売主の追加的な義務を定めています。そして、物品の引渡時期については、CISG33条が、契約で定められているか、または契約から決定することができる期日や期間内、また、契約から判明しない場合は契約締結後の合理的な期間内と定めています。

以上に従った物品の引渡しがあれば、引渡義務自体は履行されたことになります。しかし、(2)で後述するように、CISGでは、引き渡された物品が契約に適合していることなどがさらに求められます。

② 書類の交付

売主は、契約に応じて、物品に関する船積書類（船荷証券、保険証券、商業送り状など。**第7章第3節**を参照）を交付する義務を負います（CISG34条）。船積書類は、代金の支払方法に荷為替信用状を利用する際には、信用状に添付されていないと決済が滞ることにもなります（**第7章第4節**を参照）。また、船荷証券（**第5章第2節3**を参照）は、買主にとって荷卸地で運送人へ貨物の引渡請求をすることができる貨物引換証にもなるものですので、「物品に関する書類の交付」義務は、「書類」がまさに観念的に、その売買契約で引渡しの対象となる物品と同じものであるので、非常に重要です。

③ 所有権の移転

物品の所有権の売主から買主への移転は、売主の義務ではありますが、CISGは原則として、所有権の移転時期などの物権に関する問題を規律しません（CISG4条b号。**第2節2**を参照）。よって、これらの問題は、国際私法で定められる物権の準拠法（**第4章第4節**を参照）によることになります。たとえば、日本法が準拠法になるなら、物品の所有権移転時期は一般に売買契約成立時（民176条）です。

(2) 物品の契約適合性

物品の引渡しについて、売主には、まず、契約に適合した物品を買主に引き渡さなければならない義務があります（CISG35条）。引き渡された物品が契約に適合していることは物品の契約適合性と呼ばれ、売主の義務が履行されたかどうかは実際上、この契約適合性の点で大きな問題になります。次に、売主は、引き渡す物品が他人の所有物でないことなど（権利適合性）についても義務を負っています（コラム⓫：物品の権利適合性を参照）。

物品が契約に適合するかどうかを判断する基準は、まず何よりも、契約の定めです（CISG35条1項）。売主と買主が売買契約で合意して定めた数量・品質・種類・収納・包装などの条件（**第2章第1節1**を参照）に物品が合っていれば、契約適合性は認められます。

そして、これらのうち売買契約で特に定められていないものがあったり、定められていても内容が詳しくなかったりする場合には、引き渡された物品が、(a)同種の物品が通常使用されるであろう目的に適していること、(b)契約時に売主が知らされていた特定の目的に適していること、(c)もし売主が買主に見本やひな型を示したのであれば、その物品と同じ品質を有すること、最後に、(d)同種の物品にとって通常である方法などによって収納・包装されていること、が契約適合性の基準になります（CISG35条２項）。(a)の通常使用目的とは、たとえば、自動車であれば乗り込んで運転して場所を移動できること、食品であればそのまままたは調理して食べられることに一般的にはなるでしょう。(b)の特定目的とは、たとえば、食品について、無農薬・有機栽培の原料を使用した健康志向のものを好む富裕層向けに販売することが考えられます。このような目的が買主から売主に知らされていた場合、単に食べられるという品質以上の食品でないと、契約不適合になる可能性があります。

物品の契約適合性の判断時期は、原則として、危険が買主に移転した時です（CISG36条）。買主は、可能な限り短い期間のうちに物品を検査し（同38条１項）、物品が契約不適合であった場合にはその通知を合理的な期間内に売主に対して行う必要があります（同39条１項）。これは、売主がその不適合に関して対応をすることができるように、買主に物品の検査義務と通知義務を課すものです。さらに、発見しにくい不適合の場合でも、遅くとも物品が交付された日から２年以内に買主はこの通知をしなければなりません（同39条２項）。そうしないと、買主は売主に対して、次の２で述べる救済の請求ができなくなります（同39条）。

以上をまとめると、次のようになります。

図表３－４　物品の引渡しと契約適合性のチェック・ポイント

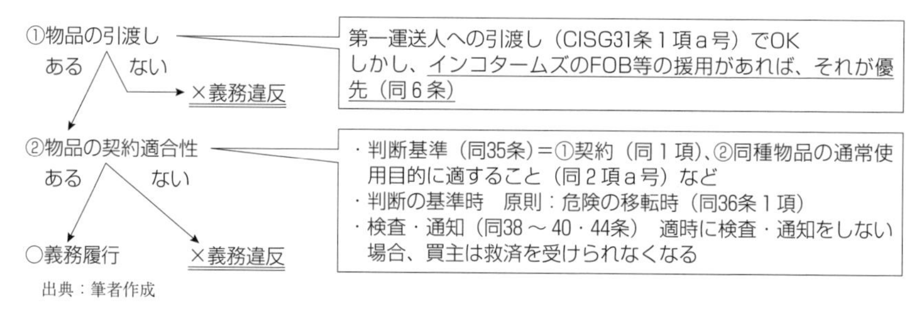

出典：筆者作成

ここで、最初に出てきた設例について、考えてみましょう。売主であるＹ社は商品のワインを適切に管理し、劣化していないワインを買主であるX社に引き渡す義務がありました（CISG35条）。これについて、X社は、売主へ損害賠償などの請求をするためにも、物品を受け取ったら、可能な限り短い期間内に検査をし（同38条1項）、そこで品質の悪化（物品の契約不適合）を発見したらY社へその通知を合理的な期間内に行う必要があります（同39条1項）。X社が、日本に到着したワインを検査したところ、すべて品質が悪くなっていて、品質の悪化の原因は、Y社の倉庫でのワインの保管状態がよくなかったことにあることが判明したので、ワインには契約不適合が認められます。そうすると、X社は、Y社に対して、義務違反について、責任を追及することができます（次の2で説明します）。

ところで、このケースで、売主が検査をしたのが、転売時期との関係でワインを受領してから1年後だったとします。CISGは、国際取引の安全や、売主からの不足品や代替品の供給や修理、その他の方法で買主の損失を軽減する手段をとることができるようにすることなどのために、検査と通知義務の期間を設けています。確かに、いわゆる隠れた瑕疵（かし）（欠陥のことです）の場合には、CISG 39条2項は、6ヶ月と定める日本の商法526条2項よりもはるかに長い2年としていますが、このケースで検査がなされた受領の1年後は、CISGの規定の趣旨からすると「合理的な期間内」とならず、遅かったといえるのではないでしょうか。

コラム⓫　物品の権利適合性

物品が品質や数量などについて問題がない場合でも、それが売主の所有物でないときや、他人の特許権を侵害するときなどについて、CISGは条文を置いています。まず、売主が他人の所有物を売るケース（これを他人物売買といいます）について述べると、41条によれば、売主には、他人物であることを買主が了解していた場合などを除いて、第三者の所有物でない物品を買主に引き渡す義務があります。買主は、他人物が売主から届いた場合、他人物であることを知った時か知るべきであった時から合理的な期間内に、売主に対してこのことを通知する必要があります。この通知をしないと、買主は物品の権利不適合を理由にして売主に責任を追及することができなくなります（43条1項）。

次に、物品が、たとえば第三者の特許発明を無断で使用して作られた特許権侵害品であるケースです。42条によれば、売主には、自分が契約締結時に知っているか知らないはずはなかった知的財産権であって、物品が転売・使用される国として売主と買主が契約締結時に想定していた国の法か、買主が営業所を有する国の法上のものを侵害していない物品を買主に引き渡す義務が原則としてあります。ただし、買主が、このような知的財産権の存在を知っているか知らないはずはなかった場合や、物品について、買主によって提供された設計や製法などに売主が従ったために知的財産権の侵害が生じた場合には、売主はこの義務の責任を負う必要はありません。これは、輸出先の国に存在する知的財産権については、原則として買主が侵害にならないよう注意すべきであることを前提にしています。なお、このケースについても、通知に関する43条１項が適用されます。

2　売主の義務違反に対する買主の救済

(1)　債務不履行の救済手段の重要点

債務とは、契約の相手方に金銭を支払ったり、物を引き渡したりするような契約内容を実際に行う法律上の義務をいいます（第１章第２節を参照）。そして、債務不履行とは、その契約をしたことから生じる義務を果たさないことをいいます。契約義務違反つまり債務不履行があれば、その義務違反をした当事者に履行請求、契約解除、そして損害賠償などの救済を請求することになります。CISGでは、これらの請求をするには、基本的に契約違反・義務違反の事実があればよく、不履行をした当事者の過失や帰責事由は必要がないこと（無過失責任）に注意すべきです。

CISGは、売主に契約違反があった場合、買主ができる請求（救済方法）として、45条１項ａ号で、履行請求（CISG46条）、契約の解除（同49条）、代金減額請求（同50条）を、そして同項ｂ号で損害賠償請求を定めます。

(2)　履行請求

売主による不履行があれば、まず、その不履行となっている義務を履行するように求める履行請求が考えられます。CISGでは、物品の引渡しに関する義務を履行しない売主に対する買主からの履行請求権として、CISG46条１項に物品引渡請求権が規定されています。売主が何も引渡しをしない場合、買主はこの履行請求ができます。

売主が物品を引き渡したけれども、それが契約不適合の場合、同条２項において、買主は代替品請求ができます。ただし、この代替品請求については、「その不適合が重大な契約違反となり、かつ、その請求を第39条に規定する通知の際に又はその後の合理的な期間内に行う場合に限る」とされています。「重大な契約違反」とは、CISG25条に規定があり、契約上期待できることを実質的に奪うような不利益を生じさせることをいいます。ただし、契約締結時に、このような不利益が生じる結果を売主が予見せず、かつ、売主と同種の合理的な者が予見しなかったであろう場合は、重大な契約違反となりません。

さらに、CISG46条3項には、修補請求も規定されています。この請求も代替品請求と同じで、売主が物品を引き渡したけれどもそれが契約不適合の場合であって、かつ、請求を39条の通知の際にまたはその後の合理的な期間内に行えばできます。ただし、修補請求は、修補を請求することがすべての状況に照らして不合理であるときはできません。

⑶　契約解除

契約義務の不履行があった場合、履行請求の他に、契約を解除するという選択肢もあります。売主の義務違反に対して買主から売主へ請求する解除の規定は、CISG49条にあります。解除には、2つのパターンがあります。1つ目は、買主が売主に対して前触れなくいきなりできる解除で、無催告（むさいこく）解除と呼ばれます。その要件は、「重大な契約違反」（CISG25条。⑵の代替品請求で前述したところを参照）となるような債務不履行があったという事実のみ（同49条1項a号）であり、債務者の帰責事由（故意・過失）は債務不履行が重大かどうか（同25条）の一判断要素にはなりますが、不可欠な独立した要件ではありません。2つ目は、買主が売主に対して、もう一度、履行の期間を付け加えて設定したのだけれど、その期間内に物品の引渡しが再度ない場合にできる解除で、催告解除と呼ばれます。買主にセカンド・チャンスを与えた上で、それでもダメという場合に認められる解除です。CISGで催告解除は、物品の引渡しがそもそもない場合にできるパターンの解除です（同49条1項a号）。契約の解除権の行使は、買主への通知によってなされます（同26条）。

売主の義務の不履行が重大な契約違反であったり、付加期間内での引渡しがなかったりすることが必要であるので、たとえば履行遅滞という義務違反があったという事実があるだけでは、契約解除はできません。CISGは、債務者の帰責性があるかどうかは問わずに、不履行の事実のみをみていますが、すべての債務不履行に対して契約解除を認めるのではなく、重大な契約違反である場合等にかぎっています。せっかく、国境を越えた者（遠い国にいることもあるでしょう）の間で合意ができて結ばれた売買契約であるので、軽微（けいび）な違反での解除を認めないようにして、CISGはバランスをとっているのです（第6節1も参照）。

なお、解除は、履行期日の前であってもできる場合があります。CISG72条によれば、売主が重大な契約違反をすることが明らかである場合や、義務を履行しないことを宣言した場合には、買主は履行期日前に解除ができます。

(4) 代金減額請求

引き渡された物品が契約に適合しないものであった場合、買主は売主に対して、原則として代金の減額を請求することができます（CISG50条）。減額の基準は、①契約に適合する物品であったら存在していたであろう価値と、②現実に引き渡された物品の価値を比べて、その割合になります。たとえば、売買代金が3000万円のところ、①が4000万円で、②が1000万円である場合、買主は代金を、3000万円×1/4＝750万円まで減額できます。つまり、買主は、代金3000万円を支払う前であれば、750万円だけを支払って、2250万円は支払う必要がなくなります。すでに代金を支払った後であれば、売主に対して2250万円の返還を請求できることになります。この代金減額請求には、物品の契約不適合以外に特に要件はないので、契約不適合があれば売主はいつでも代金減額請求を使えます（なお、この代金減額は、基本的には、次に述べる損害賠償を受けたのと同じ状態になります）。

(5) 損害賠償請求

売主が契約またはCISGに基づく義務を履行しない場合、買主には損害賠償請求が認められます（CISG45条1項b号）。前述のとおりCISGでは、売主の債務不履行という事実を買主が証明できればよく、過失や帰責事由などの有無は問われません。損害賠償の範囲は、CISG74条に規定があり、契約違反により相手方が被った損失に等しい額であるとされ（全額賠償の原則）、既存の利益の損失だけでなく、将来の利益の逸失（逸失利益）も賠償されます。しかし、CISG上の損害賠償額は、債務者の予見できない損害の額を超えることはありません。一方、CISGは、契約違反から被害を受けた当事者、つまり損害賠償請求の債権者にも、損害の軽減のための合理的な措置をとることを求める損害軽減義務（同77条前段）を規定しています。

⑹　各請求の両立関係

売主の義務違反があった場合、買主は要件を満たした複数の請求を売主に対してできるときがあります。このとき、履行請求の46条１項但書において、履行「の請求と両立しない救済を求めた場合は、この限りではな」く、履行請求ができないとされています。履行請求が両立しない救済とは、まず、契約解除請求です。契約解除を買主がすでに請求しているならば、売主の履行義務を失わせてしまう解除（CISG81条１項）と同時に履行請求をするのは論理的に矛盾しますので、両立しないでしょう。したがって、契約解除と履行請求は同時に請求することはできません。一方、履行請求に基づいて相手の当事者から履行がなされた場合でも損害がある場合、たとえば履行遅滞のために、売主が引渡しをするまでの間、買主はその物品を販売できなくて売上げが減ったことによる損害がある場合があります。この２つの請求は矛盾することはなく、当然その賠償も請求できます。つまり履行請求と損害賠償請求は両立するということになります（この点は、CISG45条２項でも確認されています）。したがって、通常、履行請求と損害賠償請求を合わせて請求するか、契約解除と損害賠償請求を合わせて請求するか、どちらかを選択することになります。

⑺　売主による追完（ついかん）

売主は、自分の義務が履行できていない場合、買主から契約解除がされるのでなければ、物品の引渡し期日の後でも、自分が費用を負担して、自分の方から代替品を買主に引き渡したり、修補を申し出たりしたりして、義務の不履行を追完することができます（CISG48条１項本文）。ただし、その追完の方法が、不合理に時間がかかったり、買主に対して不合理に不便を生じさせたりすることがないことが条件です。売主が追完をする場合であっても、損害があれば買主は売主に対して損害賠償請求ができます（同48条１項但書）。なお、この売主の追完権については、契約解除の規定が適用される場合を除くとの趣旨が文言上規定されていますが、契約解除（同49条）の方が追完権に優先するのではなく、条文の順番どおり追完権が優先すると考えられています。

買主に与えられる救済についてまとめると、次のようになります。

☆義務違反における買主の救済（CISG45条）　☆どの救済も売主の過失・帰責事由は不要

①履行請求（同46条1項）	
・代替品請求（同2項）	重大な契約違反*の場合に可
・修補請求（同3項）	すべての状況に照らして不合理でない場合に可
②解除（同49条）	重大な契約違反*の場合、無催告可（同1項(a)）
③代金減額請求（同50条）	いつでも可
④損害賠償請求（同74〜77条）	①〜③の救済ができる場合でも可

＊重大な契約違反＝契約上期待できることを実質的に奪うような不利益を生じさせること（同25条）

最初に出てきた設例で考えると、Y社から引き渡されたワインには契約不適合が認められるので、そうすると、X社はY社に対して、①代替品請求（なお、ワインの品質を修補するのは不合理というか不可能ですから、修補請求はできないでしょう）、②契約の解除、③代金減額請求、④損害賠償請求をして、責任を追及することができそうです。ただし、①と②は両立しないので、どちらかになります。

3　買主の義務と買主の義務違反に対する売主の救済

(1)　買主の義務

買主には、①物品の代金支払義務と、②物品の引渡しを受ける義務があります（CISG53条）。このうち、買主の中心的な義務は、購入した物品について支払をすること、つまり①の代金の支払義務です。この代金支払義務には、支払のために必要な措置や手続を買主が行わなければならないことも含まれています（同54条）。

代金が定まっていない場合には、関係分野の同状況下の同種の物品について契約時の相場の価格が適用されます（CISG55条）。そして、代金が重量に基づくときは、正味重量によります（同56条）。支払場所は、取決めがない場合、①売主の営業所、または②物品・書類の交付場所（同57条1項）となります。売主が物品やその処分を支配する書類を買主の処分に委ねるまでは、買主は代金を支払う必要はありません（同58条1項前段）。他方、売主は、買主からの支払を物品や書類の交付のための条件とすることができるので（同58条1項後段）、売主の物品・書類の交付義務と買主の代金支払義務とがこの場合には同時履行の関係となります。このように、売主は、支払を物品や書類の交付を条件とすることで、同時履行の抗弁権も認められていることになります。買主は代金を、売主からの催告がなくても、期日には支払わなければなりません（同59条）。

買主には、代金支払義務のみではなく、売主に物品の引渡義務があるのに対して、引渡しを受けるために必要な措置をとって物品を受領する義務もあります（CISG60条）。

⑵ 買主の義務違反に対する売主の救済

CISG は、買主に契約違反があった場合、売主ができる請求（救済方法）として、61条１項 a 号で、履行請求（CISG62条）と契約の解除（同64条）を、そして61条１項 b 号で損害賠償請求を定めます。買主に与えられるこれらの救済も売主に与えられる救済（前述１を参照）も、対応する規定は似ていますが、請求について依拠する条文が違うことには注意をしましょう。

コラム⑫ 同時履行の抗弁とは

同時履行の抗弁権は、自らの履行を担保にして、相手の履行を促すものであり、双務契約の両当事者にとっての公平を根拠にしています。そして、その要件は、①双務契約の相対立（あいたいりつ）する債務があること、②相手方の債務が履行期にあること、そして、③相手方が自己の債務の履行を提供しないことです。同時履行の抗弁を有効に行使すれば、債務不履行（履行遅滞）の責任が生じないことになります。したがって、債務不履行を要件とする履行請求権、契約解除や損害賠償なども生じません。

第５節　免責と危険の移転

１　免責

売主または買主は、自分の義務の不履行が自分の支配を超える障害などによって生じた場合、その不履行について責任を負わなくてよくなるときがあります。CISG は79条１項で、まず、いわゆる不可抗力（ふかこうりょく）の場合における免責を定めています。これによると、不可抗力免責の要件は、①（戦争や自然災害など）自己の支配を超えた障害であること、そして、②その障害は合理的に予見・回避・克服しえないことです。ただし、CISG では、不可抗力を理由として簡単に責任を免れることは認められないと考えられます。たとえば、台風の季節であればそれを計算に入れて履行の期間を定めるべきでしょうし、台風が不可抗力であるというには、その台風の発生が予見を超える必要があるでしょう。

次に、第三者による不履行についても同条2項に規定がありますが、当該第三者にとっても、その支配を超える障害であることが必要となります。したがって、売主の仕入れ業者が売主に納入を怠ったために買主に引渡しできなかった場合、売主は代替品を通常、別の業者から入手可能であるので、「自己の支配を超える」には該当しません。

2　危険の負担

一方の債務が債務者の責めによらない事由によって履行不能となって消滅した場合に、他方の債務はいかなる影響を受けるかという危険負担という問題があります。たとえば、商品が運送中の事故などにより滅失するような場合、買主は代金を支払わないといけないのか、というような問題です（第2章第4節2も参照）。これについて、CISG67条1項によると、物品運送の場合、第一運送人（つまり陸上運送人）への引渡時に危険が売主から買主へ移転すると規定されています。ただし、CIFやFOBなどの貿易条件を使用している場合には、インコタームズによって解決することになります。前述したとおり（第2節3を参照）、6条により、この67条1項は排除され、インコタームズに基づく貿易条件による危険の移転時期が用いられます。

危険が買主に移転した後に、目的物が滅失、損傷が生じても、買主は代金支払義務を免れることはありません（CISG66条本文）。ただし、その滅失、損傷が売主の作為または不作為による場合はこのかぎりではありません（同条但書）。しかし、売主に重大な契約違反がある場合は、危険が買主に移転した後であっても、買主は売主の義務違反に対する救済を求めることができます（同70条）。

第6節　CISGのその他の特徴・契約法の国際的調和

1　契約維持の原則

CISGの契約法原理または特徴的な考え方として、契約維持の原則（favor contractus）があります。これは、いったん成立した契約はできる限り存続させる方向で解決策を探るべきだという考えです。このような、CISGの基礎をなす契約維持の原則の表れともいえる規定がいくつかあります。その典型的な例として、CISG19条2項における契約成立に関する伝統的な考え方であるミラー・イメージ・ルール（鏡像原則）の緩和があげられます。当事者が使用している契約書で些細な不一致があっても、前述した通り（**第3節2**）、CISGは契約の成立を否定せず、契約の成立を認める方向で処理を行っています。また、当事者の一方による契約解除はできるだけ避ける（解除は最後の手段）という考え方（**第4節2**(3)を参照）も契約維持の原則の考えに通じるものです。その他、債務者に損害軽減義務（CISG77条）を課し、契約違反が発生しても、被害の拡大を防いだり、物品の受領に必要なことをして売主に協力することを買主に義務付けたり（同60条a号）、などの規定もあります。

2　CISGと契約法の国際的調和

冒頭にも説明したように、CISGは1980年の採択の後から現在まで加盟国が増加し続け、非常に多くの国が締約国となっています。これは、国際売買についてかなりの国との間で共通の契約法を有し、その国の間では、共通の統一法をもつといえます。このようなCISGの成功に触発されて、CISGが原型となる形で、ユニドロワ国際商事契約原則（**第9章第5節**コラム㉕を参照）、ヨーロッパ契約法原則、ヨーロッパ私法に関するモデル準則（DCFR）のような、契約法の国際的法統一や地域的な法統一作業がなされました。また、各国の契約法の改正たとえば、2020年施行の日本民法の債権法改正等においても、CISGの規定がかなり影響を与えてきました。CISGは、国際売買法の拡大のみならず、国内取引に適用される契約法にも、影響を与えてきています。当初想定されていた国際契約の統一法という側面だけではなく、各国の契約法自体がCISG等の統一法を参照することで緩やかながらも共通化、調和していくようにもみえるので、CISGの役割は増えているといえるでしょう。

第4章

国際売買3：準拠法

世界の経済圏の中でも、特に東アジア圏の国際取引は今後ますます活発になると期待されています。2020年11月には、日本、中国、韓国、東南アジア諸国連合（ASEAN）など15ヶ国が、東アジアの地域的な包括的経済連携協定（RCEP）に署名し、日本については2022年1月1日に発効しました。経済連携協定とは、特定の国、地域において貿易、投資等を促進するための協定です。この協定により、世界貿易額の3割を占める経済圏がアジアに誕生することになります。

日本とアジア圏の工業製品や農水産品の通商拡大が期待されていますが、こうした世界的な潮流に適応しようとしているのは大手企業だけではありません。たとえば、茨城県の一部の農家は、ベトナム、タイ、マレーシア、シンガポールなどへの白菜、梨、メロンといった農産物の輸出に取り組んでいます（日本経済新聞2020年12月19日北関東地方経済面）。貿易とはこれまで接点がなかった農家も、東アジアの著しい経済成長をきっかけとして新しいビジネスチャンスを模索しています。

《設例》

東アジア圏の国の中には、中国、韓国、ベトナム、シンガポールのようにCISGの締約国もあれば、タイ、マレーシアのような非締約国もある。日本の企業がCISG非締約国の事業者と売買契約を締結した場合、CISGが適用されない可能性がある。その場合、どのような法が適用されるだろうか？

CISGが適用されない場合、法廷地の国際私法が重要となります。つまり、日本で裁判を行う場合、日本の国際私法が重要となります（第1章第3節4を参照）。国際私法は、国際的な要素を有する事案についてどのような地の法を適用すべきか定めています。設例のように、日本企業と外国企業の間の売買契約に関してトラブルが生じた場合、国内取引とは異なり、適用すべき法は日本法か、それとも外国法か判断する必要が生じます。それでは、日本の国際私法は国際的な売買契約に適用すべき地の法についてどのようなルールを定めているでしょうか。本章では、売買契約等に関する国際私法上のルールについて学びましょう。

この章で学ぶこと

- 国際私法とは何か？　準拠法とは何か？
- 売買契約に適用される法はどのように決まるか？
- 契約の成立、効力の問題と物権の問題はどのように異なるか？
- 消費者契約にはどのような特別のルールがあるか？

第1節　準拠法とは

1　問題の背景

売買契約に適用される法について理解するために具体的なケースを考えてみましょう。日本企業とA国企業が衣類の売買契約をめぐって争っています。A国企業の主張によれば、日本企業を買主、A国企業を売主とする衣類の売買契約が締結されたにもかかわらず、日本企業は売買契約の成立を否定し、商品の受取、代金の支払を拒否しています。そこで、A国企業は日本の裁判所に対して日本企業を被告とする訴えを提起しました（裁判による紛争解決については、**第10章**を参照）。なお、A国はCISGの非締約国です。また、日本企業は日本にのみ営業所を有し、A国企業もA国にのみ営業所を有しているとします。

すでに**第3章第2節1**において学んだように、それぞれの契約当事者の営業所がCISG締約国にある場合、CISGが適用されます（1条1項a号）。本ケースでは、A国はCISG締約国ではないため、営業所の所在地を理由としてCISGが適用されることはありません。CISGが適用されるその他の場合として、法廷地の国際私法によりCISGの締約国の法が準拠法として指定される場合があります（1条1項b号）。本ケースでいえば、法廷地である日本の国際私法によりCISGの締約国以外の法が準拠法として指定される場合、CISGは適用されません。このように、CISGが適用されない場合があります。その場合、どの国の法が適用されるでしょうか。

この点について理解するためには、「国際私法」と「準拠法」について考える必要があります。国際取引に関して法的トラブルが生じた場合、日本で裁判を行うからといってすぐに日本の民法、商法等を適用するわけではありません。国際的な要素を有する事件に関しては、どの国の法を適用すべきか問題になります。

この問題を規律するのが国際私法（抵触法）です。国際私法は、国際法とは異なり、原則として各国の国内法の形式をとっており、各国がそれぞれの国際私法を有しています（ただし、EUではEU法の形式において国際私法の統一が進んでいます）。たとえば、日本で裁判を行うことになった場合、日本の国際私法に従ってどこの国の法を適用するか決定することになります。そして、国際私法によりどの国の法を適用するか決まった場合、その法を準拠法といいます。なお、日本の国際私法は主として「法の適用に関する通則法」（以下、法適用通則法と略）という名称の法律に規定されています。

ところで、日本の裁判所が裁判をするのであれば、国際的な取引関係についてもつねに日本法を適用すればいいのではないかと感じるかもしれません。しかし、たとえば、日本企業とP国企業がQ国に所在する商業ビルの売買契約を締結し、現地のQ国の法律を前提として取引を進めていたにもかかわらず、日本の裁判所が即座に日本法を適用すれば、当事者の予見可能性を害することになります。また、国際取引に従事する事業者、企業は、つねに自国法しか適用しない日本の裁判所に訴えることを避けるでしょう。このような背景から、多くの国では、国際的要素を有する事案については、つねに自国法を適用するのではなく、国際私法に従って適用すべき国の法を決定します。

2 準拠法の決定プロセス——単位法律関係と連結点

準拠法はどのように決定されるでしょうか。たとえば、18歳のAが親の同意なしに携帯電話を購入できるか否かという問題は、法適用通則法4条の「人の行為能力」に関する問題です。（行為能力とは一人で有効に法律行為（契約締結など）を行う能力であり、未成年者は行為能力を制限されています。もっとも、各国において行為能力が制限される未成年者の年齢は異なるため、いずれの国の法律を適用すべきか問題となります）。法適用通則法4条1項は「人の行為能力」の問題には原則として本国法を適用すると定めています（ただし、2項の例外あり）。つまり、Aが日本国籍を有する場合には日本法を適用し、AがP国籍を有する場合にはP国法を適用することになります。日本法によれば、改正民法により2022年4月以降18歳は成人とみなされ、親の同意なく締結した売買契約を取り消すことはできません。他方、P国法が従来の日本のように成人年齢を20歳とし、未成年者が親の同意なく締結した売買契約は取り消すことができると定めている場合、日本法が適用される場合とは異なる結論になります。

法適用通則法では、「人の行為能力」の問題の他にも、後述する「法律行為の成立及び効力」「物権」、さらには「婚姻の効力」「相続」などさまざまな法律問題ごとに準拠法の決定ルールが規定されています。このような法律問題の類型、カテゴリーを「単位法律関係」といいます。つまり、準拠法の決定プロセスは、具体的な問題が、国際私法に規定されるどの単位法律関係にあてはまるのか判断することから始まります。

さらにその先についてみると、法適用通則法４条１項は「人の行為能力」は本国法によると定めていますが、これは国籍という要素を準拠法の決定基準としています。その他の例として、法適用通則法13条１項によれば「物権」の問題には物の所在地法が適用されます。これは物の所在地という要素を準拠法の決定基準としています。決定基準となるこれらの要素は単位法律関係に応じて異なり、「連結点」と呼ばれます。

以上を整理すると、準拠法の決定においては、当該問題がいかなる単位法律関係に属するか判断し、さらに、その単位法律関係につき定められた連結点が具体的にいかなる地か判断することになります。

なお、このようにして決定された準拠法である外国法の適用が日本の公序に反する場合、その外国法の適用はされません（法適用通則42条）。

3　国際「私法」の対象

国際私法は、その名のとおり、国際的な私法関係を対象とします。私法とは私人間の法律関係を規律する法であり、民法、商法などが含まれます。他方、公法とは国家と私人の間の法律関係を規律する法であり、憲法、刑法などが含まれます。国際私法がＡ国法の適用を命じるとしても、原則として、Ａ国の憲法、刑法などの公法の適用を命じるわけではなく、Ａ国の民法、商法などの私法の適用を命じています。たとえば、売買契約に関して詐欺が行われたとしても、契約を取り消すことができるか、損害賠償を請求することができるかという私法上の問題は国際私法の対象ですが、詐欺を行った当事者がどのような刑罰を受けるべきかという公法上の問題は国際私法の対象外です（図表４－１）（**第１章第１節２コ**

図表４－１　私法と公法の違い

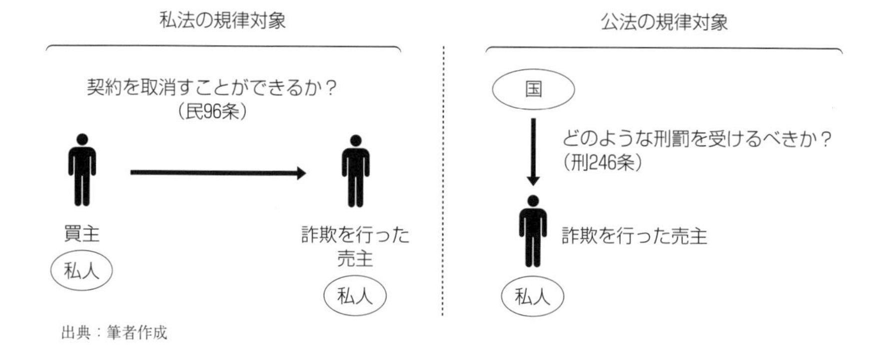

出典：筆者作成

ラム❶：私法と公法参照）。もっとも、国際私法が公法と無関係であるというわけではありません。たとえば、ある売買契約が日本または外国の公法（外国為替管理法、独占禁止法など）に違反する場合、そのことを私法上どのように考慮するか（その売買契約を有効とするか否かなど）という点は国際私法の問題となります。

トピック❸　国際経済法と国際私法

導入部分であげた、東アジアの地域的な包括的経済連携協定（RCEP）は、国際経済法に含まれます。国際経済法とは、国際経済を規律する国際ルールの総称で、国際貿易、国際投資、国際課税などを対象とします。国際経済法は主に国家間の条約として成立します。つまり、国際経済法は国際法のひとつです。たとえば、国際経済法に含まれるWTO（世界貿易機関）の国際貿易に関するルールは、各国が加盟するWTO設立協定からなります。これとは対照的に、国際私法は主に各国の国内法の形式で成立しています。また、国際経済法は、原則として、国家の権利義務を規律の対象としています。たとえば、WTOの国際貿易に関するルールは、加盟国に対し、輸入品に対する関税を勝手に引き上げることを禁止しています。他方、国際私法は、国家ではなく、個人や企業などの私人を規律の対象としています。国際経済法は、企業の経済活動と密接に関連しますが、以上のように、国家間の合意の上に成り立ち、国家を権利義務の対象とする点で、国際私法とは区別されます。

第2節　売買契約の成立、効力

1　準拠法について合意している場合――当事者自治の原則

日本企業とA国企業の間の衣類の売買契約に関する冒頭のケースでは、日本の裁判所に訴えが提起されているため、日本の国際私法たる法適用通則法により準拠法を決定することになります。それでは、法適用通則法はどのようなルールを定めているでしょうか。

法適用通則法7条は、「法律行為の成立及び効力」には、当事者が合意した地の法が適用されると規定しています。契約は「法律行為」に含まれるため、契約の成立、効力には当事者が合意した地の法が適用されることになります。たとえば、日本企業とA国企業が契約締結時に「本契約に関するトラブルには日本法を適用することにしよう」という旨の合意をし、日本法を準拠法として選択していたとします。この場合、法適用通則法7条により、本ケースには日本法が準拠法として適用されることになります。仮に両当事者がA国法の適用につき合意していた場合、A国法が適用されることになります。このように、当事者は合意に基づき準拠法を選択することができます。これは当事者自治の原則と呼ばれます。日本の国際私法のみならず、多くの国の国際私法が当事者自治の原則を採用しています（なお、法適用通則法7条により日本法が準拠法となる場合、法廷地（日本）の国際私法がCISGの締約国（日本）の法を準拠法としているので、CISGの適用要件が満たされることになります（CISG 1条1項b号）。すなわち、本ケースでは、準拠法として日本法を合意していた場合にはCISGが適用されます。ただし、当事者がCISGではなく、日本の民法や商法などの適用を望む旨を契約で明示していれば、日本の民法、商法などが適用されます（同6条、**第3章第2節**参照））。

以上は、当事者が準拠法について明示的に合意していたケースです。それでは、当事者が準拠法について黙示的に合意していた場合はどうでしょうか。すなわち、当事者が契約において準拠法について明確には合意していないものの、契約に関連するさまざまな事情を踏まえれば、当事者が契約締結時にその国の法の適用を当然の前提としていたと思われるような場合です。たとえば、ある当事者は長期間にわたって定期的に売買契約を締結してきたとします。そして、当事者は、それらの契約では日本法を準拠法として合意していましたが、そのうちのひとつの売買契約では準拠法に関する合意が明記されていなかったとしましょう。この場合、当事者がこれまでの契約において日本法を明示的に準拠法としてきたという事情は、問題となっている契約に関しても日本法を準拠法とする旨の黙示的な合意があったことを示すひとつの事情となりえます。黙示的な合意が行われた場合にも、当事者自治の原則により、合意された法が適用されると一般的に理解されています。しかし、どのような場合に当事者間に黙示的な合意があったといえるかは必ずしも明らかではありません。裁判例の中には、契約で使用した言語、契約締結地、履行地、裁判管轄条項などを根拠として、黙示的合意の存在を認める事例もあります。しかし、使用言語や契約締結地は当事者の意思を裏付けるものではないとの批判もあります。

2　準拠法について合意していない場合――契約の最密接関係地法

それでは、日本企業とＡ国企業が契約において準拠法について合意していなかった場合、いかなる国の法が準拠法として適用されるでしょうか。この点については法適用通則法８条が規定しています。８条１項によれば、当事者が準拠法を選択していない場合、「当該法律行為に最も密接な関係がある地の法」が適用されます。すなわち、契約と最も密接な関係を有する国の法が適用されます。

それでは、物品の売買契約と最も密接な関係を有する国とは具体的にどこでしょうか。この点については８条２項が規定しています。同規定によれば、物品売買契約に関しては、「特徴的給付」を履行する当事者の営業所地が最密接関係国と推定されます。契約に関係する営業所が複数ある場合には、主たる営業所地が最密接関係国として推定されます（法適用通則法８条では「事業所」の文言が使用されていますが、ここでは企業の活動を主たる対象とするため、以下、営業所と略）。

ここで「特徴的給付」の概念についてみてみましょう。契約といっても、売買契約、請負契約、委任・準委任契約など、さまざまな類型があります。これらの契約の特徴はそれぞれどこにあるでしょうか。売買契約では、売主は物品を引き渡さなければならず、買主は代金を支払わなければなりません。請負契約では、請負人は請け負った仕事（建設など）を完成させなければならず、注文者は代金を支払わなければなりません。たとえば、建設工事会社は請負った建設工事を完

図表4－2　特徴的給付とは

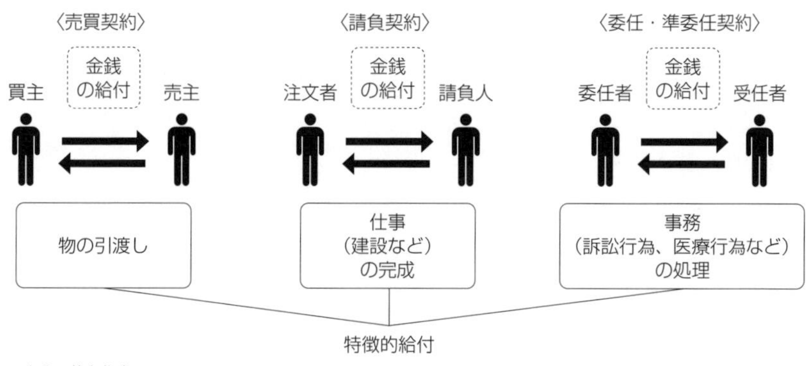

出典：筆者作成

成させ、注文者は代金を支払わなければなりません。さらに、委任・準委任契約では、受任者は委任された事務を処理しなければならず、委任者は報酬を支払わなければなりません。たとえば、弁護士や医者は委任された訴訟行為、医療行為を遂行し、依頼人、患者は報酬を支払わなければなりません。これらのさまざまな契約の共通点は、一方の当事者が金銭の給付を義務として負っていることです。他方、金銭給付と反対の給付はそれぞれの契約によって異なります。すなわち、金銭給付ではないほうの給付がそれぞれの契約を特徴づけているといえます。このように、特徴的給付は、原則として金銭給付とは反対の給付を意味します（図表4－2）。売買契約における特徴的給付は売主による商品の引渡しになります。

以上を整理すると、売主と買主の間に準拠法に関する合意がない場合、原則として、売買契約の最密接関係地は売主の営業所地と推定され、売買契約には売主の営業所地法が適用されます。つまり、本ケースでは、売主の営業所地法たるA国法が適用されます。

ただし、法適用通則法8条2項は、売買契約の最密接関係地は売主の営業所地であると「推定」するにすぎません。すなわち、その他の地の法が最密接関係地法として適用される余地が残されています。このような余地が残されているのは、売主の営業所地が最密接関係地であるとはいえない例外的な事案においても柔軟に準拠法を決定できるようにするためです。たとえば、契約締結地、履行地、通貨等のさまざまな事情があるひとつの国を指し示している場合、その国を最密接関連地とすることが考えられますが、最密接関連の判断においてどのような事情を重視すべきかという点については識者によって見解が分かれています。

コラム⑬　OEM契約

OEM（Original Equipment Manufacturing）契約は、多くの商品に用いられる契約です。製作物供給契約とも呼ばれます。たとえば、ドラッグストアを展開するA社は自らの知名度を活かして自社ブランドの洗剤を売り出したいと考えています。しかし、A社は洗剤を製造する工場を有しておらず、工場を建設するには資金がかかりすぎると考えています。そこで、A社は、洗剤の製造工場を有するB社に、A社のブランド名（商標）を付した洗剤の製造を委託することにしました。このように、一方の当事者（委託者、A社）が他方の当事者（受託者、B社）に自らのブランドを付した製品の製造を委託する契約をOEM契約と呼びます。OEM契約には、受託者が委託者の注文を受けて製品の製造を請け負うという請負契約の側面もありますが、受託者が委託者に対し製造した製品を売るという売買契約の側面もあります。OEM契約の請負契約としての側面を重視するにせよ、売買契約としての側面を重視するにせよ、金銭の支払を行うのは委託者＝買主（A社）であり、特徴的給付を履行する当事者は受託者＝売主（B社）ということになりそうです。しかし、OEM契約においては、委託者＝買主が製品の仕様等について決定するため、委託者が特徴的給付を履行すべき当事者であるとする見解もあります。実際に締結されるOEM契約にはさまざまなタイプがあり、委託者が製品の仕様等の決定についてどの程度関与するか契約ごとに異なるため、問題となるOEM契約の具体的な内容に注意する必要があります。

3　不動産の売買契約

これまで、日本企業とA国企業の衣類の売買契約をみてきました。それでは、売買の目的物が土地、建築物のような不動産である場合、いかなる国の法が適用されるでしょうか。

不動産の売買契約の成立、効力についても、当事者の合意が尊重されます。すなわち、もし当事者が準拠法について合意していれば、合意した法が準拠法となります。合意がなかった場合には、以下のように、原則として、不動産の所在地法が適用されます。すでにみたように、法適用通則法8条1項は、契約の成立、効力には契約が最も密接な関係を有する地の法を適用すると定めています。そして、同条3項は、不動産を目的物とする契約の最密接関係地は不動産の所在地であると推定します。たとえば、日本企業とP国企業がQ国に所在する土地の売買契約を締結したとします。日本企業はP国企業からQ国の当該土地を購入し、その上に商業ビルを建設する予定でした。しかし、実際には土地の基盤が脆弱であり、商業ビルを建築できそうにありません。そこで、日本企業は代金を返還してもらいたい旨の訴えを日本の裁判所において提起したとします。これは不動産の売買契約の成立、効力に関する問題であり、土地の所在地であるQ国の法が最密接関係地法として推定されます。日本企業が錯誤（いわゆる勘違い）または詐欺などを理由として契約の無効、取消しなどを主張できるか否かはQ国法によることになります。

第3節　売買契約の方式

1　契約の「成立」「効力」

以上は、契約の「成立」「効力」に関する説明です。契約の「方式」に関しては異なる規則が設けられています。まず、改めて、契約の「成立」「効力」とは何かみてみましょう。日本企業とA国企業の間の衣類の売買契約のケースに戻ります。A国企業の主張と異なり、日本企業は衣類の売買契約は成立していないと主張しています。その理由は、日本企業は確かに衣類を買う旨の申込みを行ったが、その申込みを翌日に撤回したというものです。このような契約が成立したか否かという問題は、契約の「成立」に関する問題です（**第1章第2節3**、**第3章第3節**も参照）。日本企業の申込みの撤回が有効であれば契約は成立せず、他方、申込みの撤回が無効であれば契約は成立することになります。その他に、錯誤、詐欺などを理由として契約の取消し、無効を主張できるか否かという契約の有効性に関する問題も、契約の「成立」に関する問題です。

それでは、仮に契約が成立している場合、A国企業は日本企業にどのような請求を行うことができるでしょうか。日本企業が衣類の受取を拒否したために、A国企業は、衣類の保管のために、期日を延長して倉庫を借りなければならなくなったとします。この場合、余計に生じた倉庫のレンタル料の支払を日本企業に請求することができるでしょうか。これらは、売買契約が有効に「成立」することを前提としてはじめて登場する、契約の「効力」に関する問題です。このような、買主、売主は契約上どのような権利、義務を有するかという問題は、契約の「効力」に関する問題です。

2　契約の「方式」

次に、契約の「方式」についてみてみましょう。契約の「方式」に関しては、以下に説明するように、可能な限り契約を有効に成立させるという立法的政策により、特別の規則が設けられています。

たとえば、日本企業とＡ国企業は日本において売買契約を締結したものの、口頭で合意したにすぎず、合意を書面化していなかったとします。既述のように、当事者が準拠法について合意していない場合、原則として売主の営業所地の法が適用されます（法適用通則８条１項・２項）。本ケースでは、Ａ国に営業所を有するＡ国企業が売主であるため、原則としてＡ国法が適用されます。しかし、Ａ国法上、売買契約は方式上書面化しなければならないとされているとします。この場合、本ケースの売買契約は成立しないことになってしまいます。しかし、法適用通則法10条１項、２項は、契約の「方式」は、契約の「成立」に関する準拠法、または、契約締結地（行為地）の法、これらのどちらかにより有効であればよいとしています。既述のように、物品の売買契約の「成立」に関する準拠法とは、当事者が準拠法について合意している場合は合意した法であり、そのような合意がない場合は原則として売主の営業所地の法です。本ケースでは、当事者が準拠法について合意していないとすれば、売買契約の「成立」に関する準拠法は売主の営業所地法たるＡ国法となり、これによれば契約は方式上成立しません。しかし、契約締結地が日本である場合、日本は売買契約の方式として書面化を必要としないため、本契約は方式上有効に成立することになります。

また、本ケースで、日本企業は日本から電話で申込みをし、Ａ国企業はＡ国から電話で承諾をしたとしましょう。このように法が異なる地域の間で申込みと承諾がなされた場合、法適用通則法10条１項、４項によれば、契約の「方式」は、契約の「成立」に関する準拠法、申込みの通知を発した地の法、承諾の通知を発した地の法、これらのいずれかにより有効であればよいとされています。すなわち、本ケースでは、契約の「成立」に関する準拠法はＡ国法、申込みの通知を発した地の法は日本法、承諾の通知を発した地の法はＡ国法となり、これらのいずれかにより契約の方式が有効とされればよいことになります。日本法は売買契約の方式として書面化を要求しないため、本ケースの売買契約は方式上有効となります。

なお、不動産の売買契約の「方式」には不動産の所在地法が適用されます（法適用通則10条１項・５項）。

第４節　物　　権

１　所在地法の適用

続いて、事例を変えて物権の準拠法についてみてみましょう。ある日本企業は希少なクラシックカー（中古車）を日本市場で販売しています。クラシックカーを仕入れるために、日本企業はある特定のクラシックカーをＡ国企業から購入することとし、Ａ国企業との間に売買契約を締結しました。その際に、両者は日本法を準拠法とすることで合意しました。当該クラシックカーはＢ国に所在しています。

〈ケース①〉

日本企業はクラシックカーに関するＡ国企業の説明には事実と異なる点があると主張しています。日本企業は契約の取消しを主張し、代金の返還を求めることができるでしょうか。

〈ケース②〉

Ｃ国企業が「当該クラシックカーはわが社のものだ！　わが社もＡ国企業と売買契約を締結した！」と主張し、日本企業に対してクラシックカーの所有権を主張しています。実は、Ａ国企業は日本企業のみならずＣ国企業との間にも当該クラシックカーの売買契約を締結し、両者から代金を受け取っていました。クラシックカーの所有権は日本企業、それともＣ国企業にあるでしょうか？

ケース①はクラシックカーの売買契約の成立に関する問題です。詐欺を理由として契約を取り消すことができるか否かは契約の成立の問題です（**第３節１**を参照）。日本企業とＡ国企業は、日本法を準拠法とする合意をしているので、すで

図表4－3　契約の準拠法が適用される事項、物権の準拠法が適用される事項

契約の準拠法が適用される事項	具体例
契約の成立	・申込みの撤回は有効か？ ・錯誤（勘違い）、詐欺を理由として契約の取消、無効を主張できるか？
契約の効力	・買主は、商品が契約に適合していないことを理由に、売主に対して損害の賠償を請求できるか？

物権の準拠法が適用される事項	具体例
物権の種類、内容、効力	・どのような目的物につき、どのような物権が成立するか？ ・動産、不動産をどのように区別するか？ ・どのような場合に所有権が移転するか？ ・二重譲渡があった場合、どちらの当事者が所有者となるか？
物権的請求権	・所有者は物の返還を請求できるか？（返還請求権の問題） ・所有者は物の使用を妨害している第三者に対してどのような請求をすることができるか？（妨害排除請求権の問題） ・所有者は物の使用を妨害するおそれのある第三者に対してどのような請求をすることができるか？（妨害予防請求権の問題）

に説明したように、法適用通則法7条（当事者自治の原則）により、日本法が準拠法となります。

他方、ケース②は契約の成立、効力ではなく、所有権という物権に関する問題です。クラシックカーの所有権が日本企業、C国企業のどちらにあるかは物権に関する問題です。こうした物権に関する問題は、物が所在する地の法によります（法適用通則13条）（動産、不動産のいずれも対象とします）。ケース②ではクラシックカーが所在するB国の法律が適用されることになります。B国法によれば自動車を先に登録した者が所有権を取得する場合、日本企業はC国企業よりも先に登録をしなければクラシックカーの所有権を主張することができません。

2　物権の種類、内容、効力、物権的請求権

以上のように、日本の国際私法上、物権に関しては物の所在地法が適用されます。このようなルールはその他の多くの国の国際私法でも採用されています。契約から生じる権利は原則として契約の当事者を拘束するにすぎず、第三者を拘束することはありません。しかし、物権から生じる権利は第三者も対象とします（物権の排他的効力）。たとえばAさんはある土地を所有していますが、その土地

に近所のＢさんがゴミを捨てているとします。この場合、土地の所有者であるＡさんはＢさんに対し妨害排除請求権を行使し、「ゴミの廃棄により土地の利用が妨害されている。ゴミを撤去してくれ。」と請求することができます。ここで重要なことは、仮にゴミを放棄したのが、Ｃさん、Ｄさんであっても同様であるということです。物権から生じる請求権は、契約から生じる権利とは異なり、すべての人を対象としています（**第１章第２節３コラム❷**：債権と物権参照）。このように、物権から生じる権利の効力は第三者にも効力が及ぶため、物権の準拠法は第三者にとっても予見しやすい法である必要があります。それゆえ、物権の準拠法は物の所在地法とされています。

物権の準拠法（つまり物の所在地法）は、物権の種類、内容、効力、物権的請求権等について適用されます（図表４－３参照）。物権的請求権とは、物が第三者によって奪われ、あるいは、物の利用が妨害されている場合に、第三者に返還や妨害の除去を請求できる権利です。上記の妨害排除請求権は物権的請求権のひとつです。また、隣の土地の塀が自らの土地に崩れ落ちてきそうな場合には、そのような事態を予防する措置を相手方に求めることができます。これも物権的請求権のひとつであり、妨害予防請求権と呼ばれます。

第５節　消費者契約

１　準拠法について合意している場合

これまでの説明は、事業者（企業や個人事業主など）と事業者の間の売買契約、あるいは、消費者と消費者の間の売買契約に関するものです。これに対して、事業者と消費者の間で売買契約が締結される場合、つまり消費者契約については、法適用通則法において特別の規則が設けられています。この点について理解するために以下の例を考えてみましょう。

Ａ国に営業所を有し（日本に営業所、支店はない）、貴金属の販売を事業とするＡ国企業が、日本において、日本に常居所を有する消費者に対して宝石を売りました。つまり、両者の間で宝石の売買契約が締結されました。しかし、当該宝石に関するＡ国企業の説明には事実と異なる点が多かったため、日本の消費者は契約を取り消したいと考えています。この場合、売買契約にはどこの国の法が適用されるでしょうか。

消費者契約においても、その他の契約と同様に、当事者は準拠法について合意することができます。すなわち、A国企業と日本の消費者が準拠法としてA国法、日本法などを合意することは自由です。しかし、消費者契約に関する特則として、合意された準拠法が何であれ、消費者は自らの常居所地法の特定の強行規定の適用を事業者に対して主張することができます（法適用通則11条1項）（ただし、同条6項1号～4号の例外あり）。常居所とは人が普段生活し、生活の本拠を置いている場所です。本事例では、A国法が準拠法として合意されていたとしても、消費者は自らの常居所地法たる日本法の強行規定の適用を主張することができます。強行規定とは当事者の合意によっては適用を排除することができない規定です（**第1章コラム❹**：強行規定と任意規定を参照）。日本の民法を例にとると、代金の支払場所について定める民法574条は任意規定であり、当事者は同規定とは異なる合意をすることができます（574条は商品の引渡地における支払を定めますが、当事者は合意により、その他の地を支払場所とすることができます）。しかし、未成年者は契約を取り消すことができると定める民法5条2項は強行規定であり、当事者が合意しても未成年者の取消権をなくすことはできません。具体的にどの法律のどの規定が強行規定かは必ずしも明らかではありませんが、日本において消費者契約法は一般に強行規定として理解されています。したがって、A国法上、契約の取消しが認められないとしても、消費者は日本の消費者契約法4条1項に基づき契約の取消しを主張することができます。

なぜ消費者契約に関してこのような特別の規則が設けられているのでしょうか。それは、事業者と消費者の間には情報量、交渉力の点において圧倒的な差があり、事業者が取引約款などを用いて自らに都合のよい準拠法を消費者に強要する可能性が高いからです。

2　準拠法について合意していない場合

それでは、A国企業と日本の消費者が準拠法について何ら合意していない場合はどうでしょうか。この点、本来、消費者契約を除く一般的な物品売買契約については、売主たるA国企業の営業所地が最密接関係地として推定され、原則としてA国法が適用されるはずです（法適用通則8条1項・2項）。しかし、消費者契約については、売主の営業所地法ではなく、消費者の常居所地法が適用されます（同11条２項）。すなわち、本事例では、消費者が常居所を有する日本の法が適用されます。このような特別の規則の前提には、消費者が最もよく理解し、消費者にとって最もなじみの深い法はその常居所地法であるという理解があります。法適用通則法は、準拠法に関する合意が行われていない場合においても、そのような法の適用を命じることで消費者保護を図っています。

3　方式

以上は消費者契約の「成立」「効力」に関する説明ですが、消費者契約の「方式」にはいかなる地の法が適用されるでしょうか。既述のように、契約の「方式」は、契約の成立の準拠法、契約締結地法、これらのいずれかにより有効であればよいとされています（異なる国において申込み、承諾がなされた場合には、契約の成立の準拠法、申込みの通知を発した地の法、承諾の通知を発した地の法、これらのいずれかにより有効であればよいとされています）。このような特則の背景には、可能な限り契約を有効に成立させるという立法政策があります。しかし、消費者契約についてもこのような判断を貫けば、契約の成立を望まない消費者の保護に反することになります。したがって、消費者契約の方式は以下のように規定されています。

まず、消費者契約において消費者の常居所地法とは異なる法（本ケースではたとえばＡ国法）が準拠法として合意されている場合、消費者は消費者契約の方式につき自らの常居所地法（本ケースでは日本法）の特定の強行規定の適用を主張することができます（法適用通則11条３項）。他方、消費者の常居所地法を準拠法として合意している場合、消費者は自身の常居所地法のみが契約の方式に適用されるべき旨を主張することができます（同条４項）。準拠法が合意されていない場合、消費者の常居所地法のみが適用されます（同条５項）。

第６節　生産物責任

本章の対象は契約から生じる法律問題です。しかし、国際取引に従事する者が直面する法律問題は契約関係に限られません。自動車や家電などの製品は国内で利用されるだけでなく、輸出され海外でも利用されます。もし、それらの製品に欠陥があり、消費者が負傷した場合、当該製品の製造業者はどのような責任を負うでしょうか。多くの場合、自動車、家電などの製品は、製造業者（メーカー）から消費者の手元に直接に届くのではなく、販売店（ディーラー、家電量販店）などを通して消費者の手元に届きます（海外の製品の場合には、流通の過程にさらに輸入業者が加わります）。すなわち、製造業者と消費者の間には直接の契約関係はありません。しかし、契約関係がない場合においても、不法行為を根拠として、損害を加えた相手方に損害賠償を請求することができます。不法行為とは、故意または過失により（わざと、または、不注意により）、他人の権利、法律上の利益を侵害することであり、不法行為の被害者は加害者に損害賠償を請求することができます（**第1章**コラム❸：不法行為を参照）。

ただし、不法行為を原因として相手方に損害賠償を求めるためには、相手方に過失があったことを立証しなければなりません。つまり、相手方が自らの行為により損害が生じると予見できたにもかかわらず注意を怠ったことを立証しなければなりません。製造物の欠陥を理由とする不法行為に関しては、特にその立証のハードルは高くなります。というのも、製品によっては高度な技術が使用されており、製造業者の過失を立証するためにはそれらの技術についての知識が必要になるからです。一般の消費者がそのような情報を収集し理解することは難しいでしょう。こうした点を背景として、多くの国は、不法行為責任とは別に製造物責任という制度を設けています。すなわち、通常、不法行為責任を追及するためには相手方の過失を立証しなければなりませんが、製造物の欠陥を理由とする責任の追及においては、消費者の負担を軽減するために、消費者は製造業者の過失を立証しなくてもよいことになっています。なお、製造業者の他に、輸入業者、流通業者にも製造物責任を課すかという点、つまり製造物責任を負う業者の範囲は各国の法制度により異なります。

それでは、製造物責任にはいかなる法が適用されるでしょうか。まず、製造物責任を除く一般的な不法行為についてみましょう。不法行為には原則として損害が発生した地の法が適用されます（法適用通則17条本文）。ただし、加害者が損害発生地における損害の発生を予見することができなかった場合には、加害行為地の法が適用されます（同17条但書）。これに対し、生産物責任（法適用通則法においては、未加工の農産物などの生産者の責任も対象とするために、「製造物責任」よりも対象の広い「生産物責任」の言葉が用いられています）に関しては、原則として、被害者が生産物の引渡を受けた地の法が適用されます（同18条本文）。たとえば、A 国に居住する消費者が日本企業の製造した製品を利用していたものの、その欠陥により負傷した場合、消費者が日本で製品を買って引渡しを受けたのであれば日本法が適用され、消費者が A 国で製品を買って引渡しを受けたのであれば A 国法が適用されます。生産物責任の準拠法として生産物の引渡地の法が準拠法とされるのは、被害者（消費者）と加害者（生産業者など）の双方にとって、そのような法の適用を予見することが容易であると考えられるからです。したがって、当該製品が通常とは異なる流通ルートにより消費者の手元に届き、消費者がそのような地で製品の引渡を受けることを生産業者などが予見することができなかった場合には、生産業者などの主たる営業所地法によります（同18条但書）。

第5章

国際物品運送

みなさんも、宅配便で荷物を送ったことがあると思います。荷物の運送は運送契約を結んで行われます。国際取引における運送でも、運送会社との間で運送契約が結ばれます。運送契約に基づいて運賃が支払われ、そして、物品が運送会社によって目的地まで運送されます。

ところで、みなさんの中には、宅配便で送った物が、運送人のミスで壊れてしまったりして、運送人とトラブルになったことがある方もいるかもしれません。

国際取引でも、運送品が壊れてしまった場合には、運送人との間で紛争が生じることがあります。これらの場合、①どの法によって、②どのように解決されることになるのでしょうか。次の設例を元に考えてみましょう。

《設例》

ドイツの会社Aと日本の会社Bは、AがBに機械を販売する売買契約を締結し、そして、その運送のため、Aは、日本の船会社Cとの間で、ドイツから日本への機械の運送契約を締結した。その後、機械はコンテナに詰められ、Cが運航するコンテナ船に積み込まれた。しかし、日本に運ばれている途中、悪天候のため、コンテナが荷崩れを起こし、コンテナは海中深くに沈んでしまった。

売買契約（第2章～第4章を参照）がされると、売主は、売買の目的となった物品を買主に引き渡さなければなりません。そのため、設例のように、運送人に物品の運送が依頼され、物品が売主から買主に届けられることが一般的です。

しかし、物品が無事に届かない場合、問題が生じることになります。設例では、荷送人であるAは、運送契約が履行されていないとして、運送人であるCに損害賠償を求めたいと考えるでしょう。また、荷受人であるBは、物品を受け取れなかったので、売主であるAのほかに、運送人であるCに損害賠償を求めたいと考えるかもしれません。他方で、運送人Cは、悪天候によるものだから、自分に損害賠償の責任はないと考えるかもしれません。果たして、Cに損害賠償責任があるか。それは、①どの法によって、②どのように解決されるかについて学びましょう。

この章で学ぶこと

・国際運送にはどのような種類のものがあるか、国際運送の具体的なイメージをもとう。
・国際海上物品運送に関するルールにはどのようなものがあるか、問題解決のためのルールを知ろう。
・適用される法によれば、国際海上物品運送契約に関する問題は具体的にどのように解決されるか、法の内容を理解して自分で答えを考えてみよう。

第1節　国際運送の種類

運送には、人の運送（旅客運送）と物の運送（物品運送）がありますが、ここで取り上げる運送は、後者の物品運送です。

運送される場所で物品運送を区分すると、(a)水運、(b)陸運、(c)空運に大別されます。(a)は、船による水路（海・川・湖等）での運送です。(b)は、トラックや鉄道等による陸路での運送です。(c)は、航空機等による空路での運送です。なお、これらが組み合わせられた複合運送というものもあります。

日本は海に囲まれているため、日本で重要となる国際運送は、船による海上運送と航空機による航空運送です。このうち、運送の総量・総額の点で使われることが多いのは海上運送ですので、以下では、国際海上物品運送について主に説明します。

第2節　国際海上物品運送の基礎知識

1　海上物品運送契約とは

物品運送契約は、運送の依頼主（売主が運送の依頼主である場合と、買主が運送の依頼主である場合が考えられます。詳細は、第2章第4節3参照）が、運送人に物品の運送を委託し、運送人がそれを請け負う契約です。運送の依頼主が、船荷（ふなに）、数量、積込地（つみこみち）、仕向地（しむけち）等を示して申し込み、運送人が運賃を対価に承諾するという形で成立することが一般的です。物品運送契約が成立すると、依頼主には運賃支払の債務、運送人には仕向地まで物品を運送する債務が生じることになるため、運送契約は双務契約に分類されます（契約については、**第1章第2節**を参照）。このうち、海上物品運送契約は、海上での物品運送を目的とする契約のことです。

2　国際海上物品運送契約の種類

国際海上物品運送契約は、文字どおり、物品の国際的な海上運送に関する契約ですが、これは、個品運送契約と航海傭船契約に大別されます。

個品運送契約は、運送人が多数の荷送人から個々の物品の運送を引き受ける契約で、個別の物品の運送を内容とする小口の運送契約です。この契約では、物品はコンテナ（**第2章コラム❼**を参照）に詰められて、定期便のコンテナ船に載せて運ばれることが多いといわれています。本節では、主として、この個品運送契約について説明します。

これに対して、航海傭船契約は、荷送人が、船の全部または一部を運送人から借り受けて、運送人が物品の運送を引き受ける契約のうち、特定の一航海（たとえば、北米のシアトルから福岡まで）を単位とするものです。石油、石炭、鉄鉱石、木材等の大量の原料貨物を運送する場合に利用され、その運送に合わせて手配された不定期船が利用されることが多いといわれています。

なお、「傭船」という語は、他人の船舶を借り受けるという意味ですが、傭船契約には、上述の航海傭船契約以外に、一定期間を単位として、船員も含めて船

写真5-1　コンテナ船

出典：写真5-1・図表5-1ともに（公財）日本海事広報協会編『日本の海運 SHIPPING NOW 2022-2023』

図表5-1　コンテナ船断面図

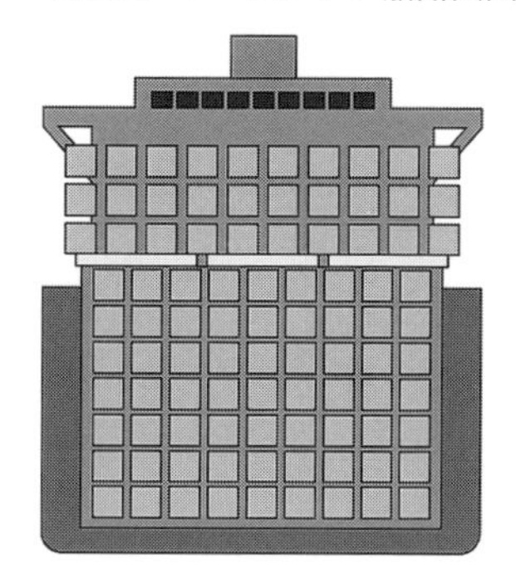

©SHIPPING NOW 2022-2023

コンテナは国際規格でサイズが決められているため、規則正しく船積みすることができます。

を借り受ける定期傭船契約というものもあります。定期傭船契約では、船を借りる傭船者が荷送人で、船舶所有者が運送人である場合のほか、船舶所有者から船を借りた傭船者が、荷送人と運送契約（個品運送契約・航海傭船契約・定期傭船契約）を締結する場合もあります。さらには、船舶のみを借り受け、船員は傭船者が手配する裸（はだか）傭船契約というものもあります。このように、他人の船を借り受け、それを運送に利用する形態は、さまざまです。

図表5－2　傭船者が荷送人と運送契約を締結する場合

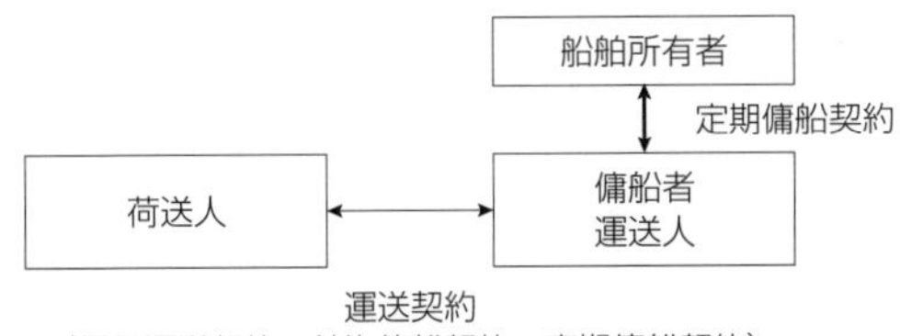

出典：筆者作成

トピック❹　物品運送中の船の座礁による油流出事故

2020年7月、中国からブラジル方面に向かっていた鉄鋼原料船が、インド洋のモーリシャスの沖合で座礁（ざしょう）し燃料の油が流出したことから、モーリシャスで深刻な環境被害が生じました。この事故を起こした船の所有者は日本企業でしたが、別の日本企業（海運会社）がこの船を定期傭船し、荷送人から依頼されたものを運送していたと報道されています。

積荷が予定どおりに目的地に到着しなかったことから、荷送人や荷受人に対する運送人の責任も問題となりますが、それに加えて、燃料の油が流出して深刻な環境被害が生じたことから、現地住民等に対する損害賠償も大きな問題になっています。この問題の解決においては、船舶所有者と定期傭船者のいずれが責任を負うか等、さまざまな法律上の問題が生じます（燃料油による汚染損害についての民事責任に関する国際条約（「バンカー条約」と呼ばれる条約で、日本もモーリシャスも締約国となっているもの）によれば、船舶所有者の企業のみが責任を負い、定期傭船者である海運会社は責任を負いません）。

3　船荷証券とは

船荷証券（BL/Bill of Lading）は、荷送人または傭船者の請求に基づいて、運送人または船長によって交付される証券です（付属資料5を参照）。船荷証券は、海上運送契約が存在すること、そして、その契約に基づいて船積みされたこと等を証明するものになります。また、船荷証券は、荷揚地（にあげち）に送付され、荷揚地では船荷の引換証としての機能も果たすものとなります。

売主（荷送人）の立場からみて、船荷証券を説明すると、それは次のようになります。売主が物品を船積みすると、運送人等から船荷証券が交付されます。この船荷証券は船荷の引換証となりますので、売主は、その船荷証券を買主（荷受人）に送り届けなければならないことになります。そして、売主から送り届けられた船荷証券と引き換えに、買主は、船荷を受け取ることになります。

なお、船積みの迅速化や船舶の高速化によって、船舶が仕向港に到着しても、船荷証券が到着していないため、荷受人は運送人から運送品の引渡しを受けることができないという事態が生じています。この問題が、「船荷証券の危機」と呼ばれているものです。この事態に対処するため、たとえば、証券の提出がなくても、運送品を受け取ることができる海上運送状（Sea Waybill）を用いたり、電子化された船荷証券を用いたりすることがあります。

第３節　国際海上物品運送と法

1　船荷証券統一条約

国際海上物品運送に関して日本が締約国になっている条約としては、船荷証券統一条約（ハーグ・ヴィスビールール）と呼ばれるものがあります。これは、1924年に成立した「船荷証券に関するある規則の統一のための国際条約」（ハーグルール）をもとにするもので、ハーグルールがその後の議定書によって改正されたものです。

大航海時代から19世紀頃まで、運送人は、自分だけに有利な定型書式を用いて運送中における物品の滅失（めっしつ）・毀損（きそん）に対する損害賠償等の責任を一方的に免れる傾向がありました。「運送人は運賃を受け取る以外には何らの義務をも負うものではない」とまでいわれたように、海上運送は、運送人だけが利益を得る状況でした。このような状況を改善するため、船荷証券中の運送人の免責約款に規制を加えることを目的として、統一条約が制定されました。

船荷証券統一条約では、国際海上物品運送における運送人の責任や船荷証券等について定められています。

2　船荷証券統一条約の国内法化

そして、船荷証券統一条約に加盟した日本は、条約の内容を盛り込んだ法律を制定することにしました（条約の国内法化）。その法律が国際海上物品運送法です。つまり、日本では、船荷証券統一条約の内容が国際海上物品運送法に定められています。

国際海上物品運送法は、船荷証券統一条約と同じく、国際海上物品運送における運送人の責任（運送品に関する注意義務、堪航（たんこう）能力に関する注意義務、損害賠償の額）や船荷証券等について定めています。

これらに関して、国際海上物品運送法は、具体的な内容を定めることが基本となっています。たとえば、国際海上物品運送法３条１項は、「運送人は、自己又はその使用する者が運送品の受取、船積、積付、運送、保管、荷揚及び引渡につき注意を怠つたことにより生じた運送品の滅失、損傷又は延着について、損害賠償の責を負う。」と、運送人が何について損害賠償責任を負うかを具体的に定めています。その一方で、国際海上物品運送法は、具体的な内容を書かずに、国内運送に関する商法の規定を国際運送にも適用することとしている場合もあります。たとえば、船荷証券に記載しなければならない事項については、商法758条が適用されます（国際海運15条）。この場合、国際海上物品運送法を離れて、商法の規定を参照することになります。

3　船荷証券統一条約と国際海上物品運送法の関係

船荷証券統一条約は、統一私法条約（**第１章第３節３**参照）ですが、運送契約に直接適用されるものではないとの見解が日本では有力です。この考え方によれば、運送契約の準拠法が日本法となる場合に（「**4　準拠法の決定**」を参照）、船荷証券統一条約を国内法化した国際海上物品運送法が適用されることになります。

4　準拠法の決定

国際海上物品運送法は、運送契約の準拠法が日本法となる場合に適用されることは、3で述べたとおりですが、では、運送契約の準拠法はどのように決まるのでしょうか。

運送契約の準拠法は、法の適用に関する通則法によって決定されます。運送契

図表５－３　国際海上物品運送の規律のイメージ

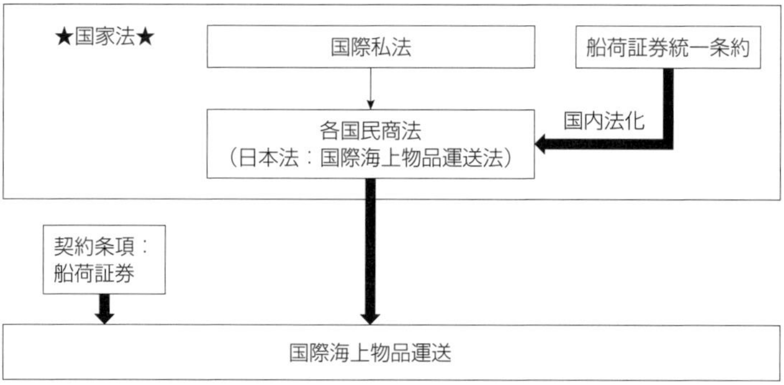

★国家法★

国際私法

船荷証券統一条約

国内法化

各国民商法
（日本法：国際海上物品運送法）

契約条項：
船荷証券

国際海上物品運送

出典：筆者作成

約の債権に関する問題は、まず、当事者が選択した地の法（法適用通則７条：当事者自治の原則）によって判断されます。たとえば、船荷証券に、運送契約の準拠法は日本法であると明記されている場合には、当事者が選択した地の法は日本法になります。次に、もしも当事者による選択がない場合には、最密接関係地法（法適用通則８条１項：「最も密接な関係がある地の法」）が準拠法になります。そして、運送契約では、８条２項の特徴的な給付を行う者は、運送人となり、運送人の事業所所在地の法が、運送契約の最密接関係地法と推定されることになります（準拠法の詳細については、**第４章第２節**を参照）。

第４節　国際海上物品運送法

１　適用範囲

運送契約の準拠法が日本法となる国際海上物品運送には、国際海上物品運送法が適用されます。より厳密にいうと、ここでいう国際物品運送とは、「船舶による物品運送で船積港又は陸揚港が本邦外（ほんぽうがい）にある」もののことです（国際海運１条）。たとえば、博多港から韓国の釜山港への海上物品運送が、これにあたります。これに対して、博多港から神戸港への海上物品運送のような国内物品運送には、商法が適用されます（国際海上物品運送法は、商法の特別法にあたります）。

2 運送人の責任1——運送品に関する注意義務

国際海上物品運送法によれば、運送人は、自己またはその使用する者が運送品の受取、船積(ふなづみ)、積付(つみつけ)（運送品を船内に適切に配置すること）、運送、保管、荷揚および引渡しに関して注意を怠ったことにより生じた運送品の滅失、損傷または延着について、損害賠償の責任を負います（国際海運3条1項）。

ここでは、運送人が注意を怠ったことが損害賠償の責任を負う条件とされており、過失責任主義が採用されていますが、注意が尽くされたことを運送人が証明しないかぎり、運送人はその責任を免れないこととされ、その立証責任は運送人が負うことが原則とされています（国際海運4条1項）。

たとえば、後述する航海上の過失や天災等の特別の事情がなく、船に積んでいたコンテナが荷崩れを起こし、コンテナに詰められていた物品が壊れてしまった場合について考えてみましょう。この場合、運送人は、注意が尽くされたことを証明しないかぎり、運送品の積付に関して注意を怠ったことにより、運送品を損傷したとして、損害賠償の責任を負うことになります。

他方で、運送等について注意を怠り損害が生じた場合でも、損害が、航海上の過失から生じた場合や、船舶の火災から生じた場合（運送人の故意または過失に基づくものを除く）、運送人は責任を負わないこととされています（国際海運3条2項）。前者は航海過失免責、後者は火災免責と呼ばれています。航海過失免責が認められた理由としては、船舶の操縦は運送人も関与できない技術的な性質を有するものであること等があげられています。また、火災免責が認められた理由としては、船舶における火災は、積荷全体に及びやすく、また、その損害が巨額になること等があげられています。

さらに、天災、戦争・暴動または内乱、海賊行為等の事実があること、および、運送品に関する損害がその事実より通常生ずべきものであることを、運送人が証明した場合には、注意が尽くされなかったことを、荷送人等が証明しない限りは、運送人は責任を負わないこととされています（国際海運4条2項）。たとえば、天災に該当する事実があり、かつ、船に積んでいたコンテナが荷崩れを起こし、コンテナに詰められていた物品が壊れることが、天災より通常生じることを運送人が証明する場合には、注意が尽くされなかったことを荷送人等が証明しないかぎりは、運送人は責任を負いません。

3　運送人の責任2――堪航能力に関する注意義務

さらに、運送人は、船舶を航海に堪える状態に置くこと（堪航能力）についても責任を負い、これを怠ったことによって生じた損害につき損害賠償の責任を負います（国際海運5条1項本文）。ここでも、損害賠償の責任を負う条件として、運送人が注意を怠らなかったかということが要件とされており、過失責任主義が採用されていますが、注意を怠らなかったことは運送人が証明しなければならず、運送人は、それを証明しないかぎり、その責任を免れないこととされています（同項但書）。

たとえば、燃料が不十分なまま出港したため、仕向港への到着が遅れた場合、運送人は、注意を怠らなかったことを証明しないかぎり、その責任を負うことになります。

4　特約禁止

国際海上物品運送法が定める運送等や堪航能力に関する責任に反する内容が船荷証券等で定められることがあるかもしれません。しかし、それは、荷送人、荷受人または船荷証券所持人に不利益なものとなるときには、無効となります（国際海運11条1項）。

5　滅失や損傷があった場合の通知

荷受人または船荷証券所持人は、運送品の一部滅失または損傷があったときは、受取の際、運送人に対して、その滅失または損傷の概況について、書面で通知しなければなりません（国際海運7条1項本文）。ただし、その滅失または損傷がただちに発見することができないものであるときは、受取の日から3日以内にその通知を発すればよいとされています（同項但書）。通知がなかったときは、運送品は、滅失および損傷なく引き渡されたものと推定されます（同7条2項）。

6　運送人による損害賠償

損害について運送人が責任を負う場合、その損害賠償の額は、どの地の基準で判断され、また、いつの時点のものを基準に判断されるかが問題になります。これについては、同法は、荷揚げされるべき地、および、その時における運送品の市場価格（取引所の相場がある物品については、その相場）によることとされています（国際海運８条）。これによって損害賠償額は定型化され、損害賠償額に関する紛争が防止されることになります。

また、その損害賠償額には上限が定められています。すなわち、運送品に関する運送人の責任は、１包・単位につき「666.67SDR」と「運送品の総重量（kg）×2SDR」の大きい方を上限とすることが原則とされています（国際海運９条１項）。なお、運送人の故意や無謀行為（同10条）等の場合には、責任限度額は適用されません。

コラム⓮　SDRとは

SDRは、Special Drawing Rightsの略称であり、特別引出権と訳されます。SDRの元の意味は、加盟国の準備資産を補完する手段として、国際通貨基金（IMF）が1969年に創設した国際準備資産を引き出すことができる権利です。特別引出権の価値は、５つの通貨（米ドル、ユーロ、中国人民元、日本円、英国ポンド）に基づいて決められていることから、SDRは全世界共通の通貨単位としても用いられています。国際海上物品運送法でも、これが、損害賠償額の上限の単位として用いられています。2023年５月５日現在、約134円です。

7　責任の消滅

運送品の引渡しがされた日（運送品の全部滅失の場合にあっては、その引渡しがされるべき日）から１年以内に裁判上の請求がされないときは、運送品の滅失等についての運送人の責任は消滅します（国際海運15条、商585条）。

8　船荷証券の交付義務と記載事項

荷送人の請求があれば、運送人または船長は、船荷証券を交付しなければなりません（国際海運15条、商757条）。そして、運送品の種類等、その船荷証券に記載しなければならない事項が定められています（国際海運15条、商758条１項）。

9　船荷証券の受戻証券性

船荷証券が作成されたとき、船荷証券と引き換えでなければ、運送品の引渡しを請求することはできません（国際海運15条、商764条）。このように、港における運送品の引渡しは、船荷証券と引換えでなければならないので、荷受人は船荷証券を事前に受け取っておくことが必要になります。船荷証券のこの性質は、受戻(うけもどし)証券性と呼ばれています。

10　船荷証券の効力

運送人によって交付された船荷証券は、国際海上物品運送法では、債権的効力と物権的効力を有することになります。

船荷証券の債権的効力とは、船荷証券の所持人が、船荷証券に記載されたとおりの物品の引渡しを運送人に請求できるという効力です。そして、運送人は、船荷証券どおりの物品を引き渡す債務を負い、この債務を履行できない場合、船荷証券所持人は運送契約上の債務不履行に基づく損害賠償請求権を有することになります。ただし、実際に船に積まれた物品と船荷証券に記載されている事項が異なることを船荷証券所持人が知っていた場合には、運送人は損害賠償責任を負いません（国際海運15条、商760条参照）。

また、船荷証券が引き渡されたとき、その引渡しは、運送品の引渡しと同一の効力を有することになります（国際海運15条、商763条）。つまり、船荷証券の引渡しが運送品自体の引渡しになります。この効力は、船荷証券の物権的効力と呼ばれています。

コラム⑮　国際航空貨物運送

国際航空貨物運送に関する条約のうち、多くの国が締約国となっているものとしては、1999年の「国際航空運送についてのある規則の統一に関する条約」（モントリオール条約。日本も2000年に加盟）があります。この条約は、それまでに国際航空運送に関する条約として成功を収めてきたワルソー条約をアップデートしたものであり、現在、国際航空貨物運送に関する紛争の多くは、この条約によって解決されます。モントリオール条約は、貨物運送だけでなく、旅客運送も対象にする条約ですが、ここでは、貨物運送についてだけ説明します。

モントリオール条約は、船荷証券統一条約とは異なり、国際航空運送に直接適用されます。

図表5－4　国際航空貨物運送の規律のイメージ

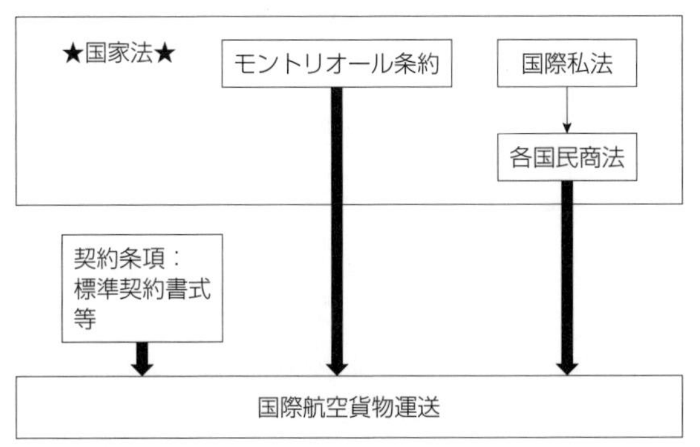

出典：筆者作成

モントリオール条約によれば、運送人は運送中に貨物に発生した損害について、一定の場合を除いて、無過失責任を負います（モントリオール条約18条）。この条約が定める運送人の責任を免除したり、条約で定める責任限度額よりも低い限度を定めたりする契約条項は、原則として無効とされます（同26条）。

第6章

国際貨物保険

これまでにみなさんは、国際物品売買契約がCISG（第3章を参照）や準拠法（第4章を参照）に基づいて有効に成立すれば、売主には物品引渡債務が発生し、その履行のために国際運送契約（第5章を参照）が結ばれることを学びました。ところが国際運送では、海上でも航空でも、運送中にさまざまなトラブルが発生して、運送品が壊れたり失われたりすることがあります。国際物品売買取引では、このような場合に備えて、運送品（貨物）に通常、保険をかけます。これが国際貨物保険ですが、次のようなことが問題になります。

《設例》

日本のS社（売主）とA国のT社（買主）が、S社製機械（本件物品）の売買契約（貿易条件はインコタームズ2020のCIF）を結んだ。

（1）S社は、本件物品について日本からA国への国際海上運送契約をB国の運送会社Uと結び、さらに、C国の保険会社Vと国際貨物保険契約を結ぼうとしている。S社は、どのような内容の保険契約を結べばよいか。

（2）U社の船が本件物品を運送中に大型台風に巻き込まれ、本件物品が雨に濡れて壊れた。V社は、保険金を支払わなければならないか。保険金は、S社とT社のどちらがV社に請求することになるか。

S社とT社の間の国際物品売買契約ではCIFが援用されているので、保険の手配は売主であるS社が行うことになるのは、すでに学んだとおりです（第2章を参照）。物品について売主がどのような保険契約を結ぶかも、売買契約で売主と買主が決めることができます。このとき、保険契約を正しく結ぶためには、まず、保険の基本的な仕組みについて知識をもっている必要があります。そもそも保険はなぜ必要か、保険料と保険金はどう違うのか、保険契約の当事者は誰か、保険契約が成立するとどのような債権・債務が当事者に発生するか、保険証券とは何かなどです。次に、かける保険の内容・条件には、どのようなものがあるでしょうか。保険にも、貿易条件のようなパターン化された内容や条件があると便利ですよね。そして、国際的な貨物保険の法的規律は、どのようなものになっているでしょうか。物品売買や運送のような統一私法条約、また、民間統一規則はあるのか、それとも、国際私法による準拠法が重要な役割を果たすのか。これらを中心に学んで、貨物保険契約に関する国際取引法を理解しましょう。

この章で学ぶこと

- 国際貨物保険の仕組みはどのようなものか、国際売買、国際運送との関連も含めて理解しよう。
- 国際貨物保険契約の当事者は誰で、どのような債権・債務が発生するか。保険証券、保険条件とは何か、理解しよう。
- 国際貨物保険契約の準拠法はどの国の法になるか、その決定に特徴はあるか、理解しよう。

第1節　国際貨物保険契約とは

1　保険の仕組み

みなさんは「保険」と聞いて、何を思い浮かべるでしょうか。交通事故の損害保険や、自分が死亡した後の家族のための生命保険など、私たちの生活の中には保険が普通に存在します。いろいろな保険で共通していることは、たとえば、交通事故にあって死亡したりケガをしたりすること（自分が加害者になるケースもあります）や、火事、台風、地震によって家や貨物が失われたり壊れたりすることといった、同じ種類の危険を心配する多くの人々の存在です。こうした私たちのニーズは、これらの危険に実際に遭遇する確率は決して大きくはないとしても、もし自分がそれにあたってしまったら、その損失を何とかお金などで埋め合わせ（これを「てん補（ぽ）」といいます）できないか、ということになります。

この損失てん補の一番確実な方法は、たとえば、船で運送中の1000万円の品物が船の沈没で失われてしまう場合に備えて、1000万円を先に用意しておくことでしょう。しかし、埋め合わせのために自分自身でその分の大金を予め貯めておくことは大変ですし、何より、台風で船が沈没する確率は大きくないのに、そのためにいつも同額のお金を用意しておくのは、大きなムダといえます。

そこで、てん補のための多額のお金を、同種の危険を心配する多数の人がお金を少しずつ出しあって用意しておくという方法が考え出されました。そして、この集めて用意したお金から、危険が発生した人にてん補のためにお金を支出するという仕組み、これが保険です。保険は、今では巨大なグローバル・金融ビジネスとして有名ですが、もともとは、自分の身に発生するかどうかは分からないけれど、その危険が、同じ心配を抱える多数の人の「誰か」に確実に発生するのは間違いない場合に、その誰かのためにみんなで少しずつお金を出し合って備えておくという意味で、助け合いの精神をベースにした優しい制度といえます。

以上のように、保険とは、同種の危険にさらされる人が少しずつお金を出し合って共同の備蓄を作っておき、この備蓄から、実際に危険にあって損害を受けた人が支払を受けることにより、損害をてん補する仕組みです。

2　保険契約とは

図表 6－1　保険契約の当事者図

保険料支払債務

・保険金支払債務
（保険事故発生時）
・保険証券交付債務

出典：筆者作成

このような仕組みを運営して保険を引き受ける者を「保険者」といいますが、つまりは「保険会社」のことです。そして、同種の危険にさらされていることから保険の仕組みを利用するために保険会社と契約する者を「保険契約者」と呼びます。保険契約者が保険会社に支払うお金のことを「保険料」、また、危険が実現したために保険会社から損害のてん補のために支払われるお金のことを「保険金」といいます（保険料は、危険が起きる確率や保険契約者の数などをもとに計算をして、通常、保険金よりずっと少ない額になっています）。保険契約が有効に成立すると、保険契約者には保険料支払債務が発生し、保険会社には、事故が起きたら損害をてん補する保険金を支払う債務が発生します。保険会社にはさらに、保険契約の成立・内容を証する書面である「保険証券」（付属資料 6 を参照）を作成して、保険契約者に交付する債務があります。

3　国際貨物海上保険契約

国際物品売買取引においては、長距離の運送の間に台風による雨や波、また船の衝突など、海上で起きる特有のできごとで運送品が壊れたりすることに備えて、保険が付けられます（第 1 章第 1 節、第 2 章第 4 節 4 参照）。この国際貨物保険契約は、輸出入の貿易取引において、国際物品売買契約と国際運送契約に続く3

番目の契約です。船による運送で使われるのが国際貨物海上保険、航空機による運送で使われるのが国際貨物航空保険ですが、海上運送が中心であることと（第5章第1節参照）、海上保険が航空保険のベースになっていることから、以下では国際貨物海上保険について述べていきます。

国際貨物海上保険契約は、売主と買主のどちらかと保険会社との間で結ばれます。売主と買主のどちらかが保険契約者になるかは、運送の手配と同じく、国際物品売買契約で売主と買主が話し合って、どの貿易条件が援用されるかによって決まります。インコタームズの中で日本でよく使われるＦグループとＣグループのうち、FOB、FCA、CFRとCPTでは、保険の手配をするのは買主になるので（第2章第4節4を参照）、買主が保険契約者になります。そして、保険証券は保険会社から買主が受け取ります。

図表6－2　FOB、FCA、CFR、CPTの場合

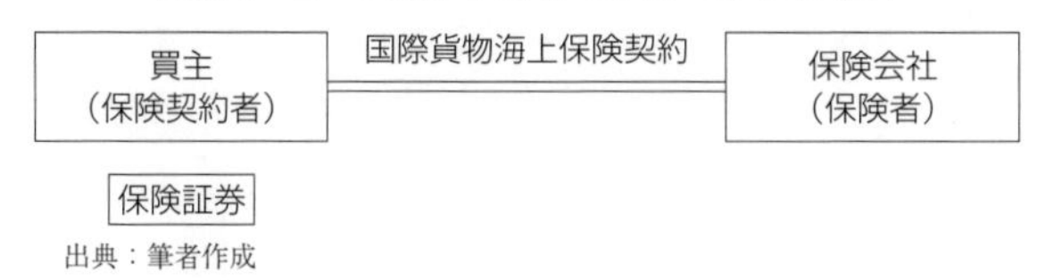

出典：筆者作成

これに対して、CIFとCIPでは、売主が保険契約者になります（第2章第4節4を参照）。ところが、売買契約に基づく物品の引渡債務を履行した売主は、運送中に事故が発生して物品（貨物）が滅失・損傷しても、損害を受ける関係にはありません。運送中に貨物が滅失・損傷して損害を受けるのは、貨物を受け取る買主ですが、保険金の支払を保険会社に請求するためには、保険証券が必要です。このため、保険契約を結んで保険会社から保険証券を受け取った売主は、その後、保険証券を買主に譲渡することになります。

図表6－3　CIF、CIPの場合

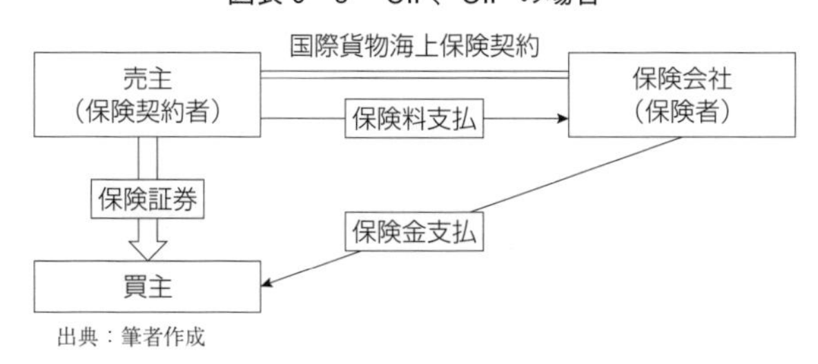

出典：筆者作成

第2節　国際貨物海上保険契約を規律する法

1　はじめに

国際貨物海上保険に関しては、国際物品売買のCISGや国際海上物品運送の船荷証券統一条約のような統一私法条約はありません。では、国際貨物海上保険については、各国で法の規律がバラバラで不安定かというと、そうではありません。実は、国際貨物海上保険については、イギリス法と保険についての標準契約約款（やっかん）（条項）が実質的に統一法のような役割を世界で果たしています。このことについては、海上保険とイギリスとの関係についての歴史を知る必要があります。

2　ロンドンのロイズ（Lloyd's）保険組合とイギリス法の展開

海上保険制度は、1300年代にイタリアで誕生して、地中海での貿易で発展し、オランダやドイツ、そしてイギリスにも伝わったといわれています。当初、船はまだ帆船（はんせん）でしたが、ヨーロッパ人がアフリカ、アジア、アメリカ大陸に大規模な進出を行い、貿易も盛んになって世界の一体化が進んだといえる時代（大航海時代）です。1600年代の終わりから蒸気機関などの技術革新によってイギリスで産業革命が起きると、船は帆船から蒸気船に替わっていき、世界の海上貿易はいっそう拡大・発展します。航海によって、遠方の大陸から珍しい品物を無事に運ぶことができれば、荷主や航海業者は大きな利益を得られました。これらの時代はしかし、現代のようにGPSで船の位置情報が分かったり、詳しい海図があって海岸の地形や浅瀬の状況を事前に知ったり、また、かなり正確な気象情報を入手できるといったことはなく、さらには海賊による略奪の危険も大きく、航海はまさに多額の財産・命までをかけたハイリスク＝ハイリターンのビジネス・職業でした。航海の成功により富を得るためには、大陸で買い付ける産品の善し悪しだけでなく、航路や気象、海賊の出没、さらには優秀な船長・船員などの正確かつ詳しい情報を得ることが重要だったのです。

当時、貿易の中心地として発展していたイギリスのロンドンではコーヒーが流行し、多くのコーヒー店がありました。その中のひとつ、1688年頃にエドワード・ロイド（Edward Lloyd）さんが開いたコーヒー店には多くの船乗りが来店し、コーヒーを飲みながら最先端のホットな海事情報の話がされました。このようにして、ロイド・コーヒー店は、荷主、船主や保険者に不可欠な航海に関する情報の収集・交換場所となります。そこには海上保険の引受業者も集まってきて、保険契約も結ばれるようになり、ロイド・コーヒー店は海上保険の取引場所として栄えるようになりました。そして、ロイドさんの死後も、保険業者たちがその場を利用し続け、ロイズ（Lloyd's）保険組合となり、保険専門の取引所として発展します。

ロイズは、1779年に保険証券の書式を統一して、ロイズSG証券が誕生します。これは、その後200年以上、世界で利用され続けることになります。この証券の解釈も含めて、イギリスでは保険契約に関して数100年にわたって判例法が蓄積し、1906年にそれをもとにイギリス海上保険法が制定されました。このように、世界の貿易で広く利用される保険証券とそれを規律する法は、一体的に「イギリス発祥（はっしょう）」の歴史があり、世界の保険業界で、海上保険契約の重要部分についてイギリス法が適用されることが常識になっているのです。

3　協会貨物約款の作成とロイズMAR証券の登場

ロイズSG証券は、数100年の歴史の中で中世の英語が一部使われていたり、また、いろいろな条項が付け加えられたりして難解な構成になっていて、その意味・内容をイギリスの判例法と海上保険法が解釈で確定していました。これに、1963年にロンドン保険業者協会が作った協会貨物約款（Institute Cargo Clausesが正式名称で、ICCと略されますが、インコタームズを作ったICC（**第2章**のコラム❺：ICC（国際商業会議所）を参照）のことではないので気をつけてください）などが追加されて利用されるようになりました。しかし、このようなスタイルはとても複雑で分かりにくく、UNCTAD（国際連合貿易開発会議）の場で特に発展途上国から批判されるようになりました。そこで、1982年に、文言を現代語化して証券の構成を簡単にして読みやすくした新しいロイズMAR証券と協会貨物約款が作られました。これらの改訂版の書式は世界の保険業界で受け入れられ、2009年にはさらなる新協会貨物約款が作られました。これを受けて日本でも、ロイズMAR証券と2009年協会貨物約款の書式が急速に普及し、現在ではほとんどの貨物海上保険でこの新しいロイズMAR証券の書式が使われるようになっています。

4　イギリス法の準拠法選択約款

ロイズの保険証券には、保険契約の準拠法（国際私法による準拠法の決定については、**第4章**を参照）として、伝統的にイギリス法を選択する約款があり、世界でこの準拠法選択約款が使われます。この準拠法選択約款は世界の国際私法で基本的に有効であるため、国際貨物海上保険契約については世界でイギリス法がベースとして適用され、実質的に統一法的な役割を果たしています。

なお、日本の保険会社では、「保険証券の解釈」と「保険金の支払」（損害のてん補）という保険契約の重要な基本事項に関する問題についてはイギリス法、その他の保険契約の成立・有効性、保険料などの問題については日本法を準拠法とする約款が保険証券で使われたりするそうです。これは国際私法では、準拠法の分割と呼ばれるテクニックで、当事者が1つの契約をいくつかの部分（問題）に分けて、それぞれについて別々の国の法を準拠法として選択するものです。このような準拠法の選択方法も、当事者自治の原則（**第4章第2節1**を参照）に照らして有効であると考えられています。

5　国際貨物海上保険契約を規律する法

以上をまとめると、国際貨物海上保険契約には、統一私法条約はありませんが、まず、ロイズMAR証券と協会貨物約款という標準契約書式が世界的に使われていて、契約内容の統一が進んでいます。さらに、これらの証券と約款については、国際私法に基づいてイギリス法が準拠法として当事者によって選択されることから、国際貨物海上保険契約（特に契約の解釈と保険金の支払について）は、イギリス法をベースとした保険契約法の統一が世界で実質的に果たされているといってもよい状態になっています。

図表6－4　国際貨物海上保険契約の法的規律

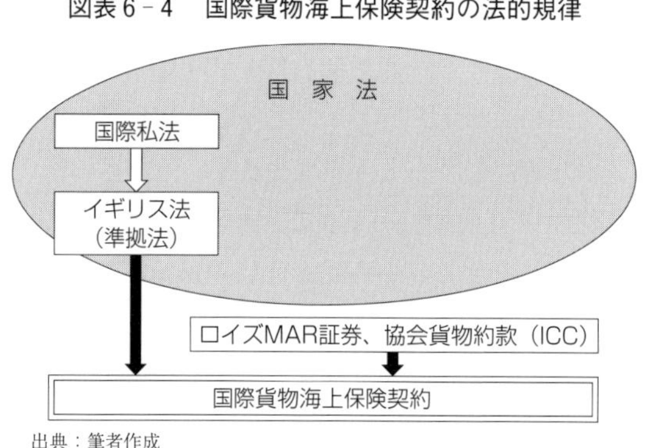

出典：筆者作成

コラム⑯　海上保険の歴史——冒険貸借

海上保険が1300年頃のイタリアで生まれるはるか前、紀元前300年頃のギリシャでは、冒険貸借と呼ばれる保険のルーツにあたる制度があったといわれています。冒険貸借とは、航海を行う船主と荷主が金融業者からお金を借りて船や積荷（つみに）を用意するのですが、船が航海を無事に終えて帰ってくれば、借りたお金に多額の利子を付けて金融業者に返すけれども、荒天や海賊などによって船が沈没したり積荷が失われてしまったりすれば、お金は返さなくてよい、というものでした。これは、船や積荷を担保（たんぽ）にしてお金を借りる金融の仕組みであるので、保険とは異なりますが、海上の危険に対処しようとしている点では保険に通じるものがあります。この冒険貸借は貿易の発展を支えたのですが、利子をとることを禁止する法令ができたり、船が無事に帰ってきたのに事故に遭って沈没したと嘘をつく船主がいたり、また、船主や荷主にも貿易の成功により十分な資金ができてお金を借りる必要がなくなってきたりして、海難や海賊などのリスクに対してだけ対価を得る次の仕組みが必要になりました。そこで考え出されたのが、海上保険ということになります。

第3節　国際貨物海上保険契約の成立と内容

1　国際貨物海上保険契約の成立

前述したとおり、保険会社と保険契約を結ぶ保険契約者になる者は、貿易条件が何かによって異なります。インコタームズ2020のＦグループとＣグループのうちFOB、FCA、CFRとCPTでは、買主が保険契約者となりますが、CIFとCIPでは売主が保険契約者となります（第１節３を参照）。

国際貨物海上保険は、運送中の事故に備えるものなので、原則として、運送の開始前に成立していないと意味がありません。ですので、国際物品売買契約が結ばれたら、保険契約者になる買主または売主は、保険会社に対して、国際貨物海上保険契約を結ぶために必要な情報（たとえば、貨物となる物品の内容・容積や、船積みされる港・船の名称や出港の日時など）を伝えて、保険契約を申し込みます。これらの情報がすでに確定している場合は、これらの情報をもとにして保険契約が成立することに問題はありません。こうして成立する保険契約を確定保険契約といいます。しかし、これらの情報の一部が未定（たとえば、運送の手配が完了していない場合、船の名称や出港の日時などはまだ決まっていません）の場合は、分かっている情報だけを保険会社に伝えて、保険の予定となる契約（予定保険契約）を結ぶことが行われます。予定保険契約の場合、後で情報が確定した時に、確定保険契約に切り替えてもらいます。

2　担保危険、てん補範囲と保険期間

保険では、保険契約でカバー（担保）されている危険（担保危険）が実際に発生して、それによって損害が出た場合に、その損害が保険によるてん補の範囲内であるときに、保険金が支払われるという流れになっています。このとき、担保危険は、保険契約で定められている保険期間内に発生したことが必要です。まとめると、保険金の支払という法的効果が発生するためには、保険契約で、①損害の発生原因が担保危険として定められていること、②発生した損害がてん補範囲に入っていること、③担保危険が保険契約で定められた期間内に発生したこと、の３つが必要ということになります。

⑴　担保危険

国際海上物品運送では、運送の間に台風による雨や波、また船の衝突など、海上で起きる特有のできごとがいろいろあります。保険契約者は保険会社と契約をする時に、貨物が海上運送中にさらされる危険のうち、いざという時には保険金が支払われる対象として保険契約でカバー（担保）されるべきもの（担保危険）を選びます。担保危険には、船舶の座礁（ざしょう）・沈没・潮濡れ（しおぬれ）・火災、海賊、戦争、船員のストライキなど、いろいろなものがありますが、担保危険が広ければ、保険金が支払われる可能性が大きくなるので、荷物を受け取る買主は安心できます。しかしその分、保険料が高くなることになります。

⑵　てん補範囲

担保危険が発生して生じた損害のうち、保険金が支払われる対象となる範囲をてん補範囲といい、てん補範囲に入る損害は、いくつかの視点から分類できます。まず、貨物が全部消滅した場合の全損と、貨物の一部が消滅した場合の分損があります。一方、被害を受けた者のみが負担すべき損害である単独海損と、船舶や積荷の共同の危険を回避するために生じた損害である共同海損という分類もあります。保険契約者は保険契約を結ぶ時に、てん補範囲を定めます。

コラム⑰　共同海損

船が嵐や座礁などによって沈没しそうになった時に、いわば最後の方法として、船の装備品や積荷を海に投げ捨てて船を軽くし、小回りをきかせたりスピードをあげたりして、沈没を回避することが試みられます。このとき、全体を助けるために犠牲になった装備品や積荷の損害を、その持ち主だけに負わせるのでなく、これらの犠牲によって自分たちの船や荷物が助かることになった船主や荷主も含めて全員で共同して負担し合うことが古くから行われていて、このように処理される損害を共同海損といいます。共同海損は海上運送に固有の制度で、船や積荷を守るために一部の荷主に発生した損害を、みんなでカバーするという衡平（こうへい）の考え方がベースになっています。

⑶　保険期間

保険会社は、保険契約で定められた特定の期間内に担保危険が発生したときにだけ、保険金を支払います。国際貨物海上保険の保険期間は、貨物が運送されている間ということになりますが、具体的には、貿易条件に応じて次のようになります。保険契約者が買主の場合、買主は自分のために、自分が目的物（積荷）について船積港（ふなづみこう）で危険を負担する時（第2章第4節2を参照）から、仕向港（しむけこう）で積荷が陸揚げされる時までを保険期間として、保険会社と保険契約を結びます。これに対して、保険契約者が売主の場合、売主は、たとえば自分の倉庫で目的物をトラックにのせて船積港に運んでそこで買主に危険が移転する時までと、その時以降の買主が危険を負担する時とを区別しないで、一本の保険契約を結びます。つまり、保険期間は、売主が目的物をトラックに載せた時から、買主の国の仕向港で積荷（目的物）が陸揚げされて買主がこれを受け取る時までになります。

3　ロイズMAR証券と協会貨物約款による保険契約

⑴　はじめに

担保危険とてん補範囲は、1つずつ決めていくとすれば、何通りもの組み合わせになってとても複雑な内容になります。しかし、実際の国際貨物保険契約では、ロイズMAR証券と2009年の協会貨物約款の契約書式に基づくことによって、海上危険に関する3つの基本的な保険条件のうちから1つを選び、それに戦争危険などの特約を付け加えるという形ができあがっています。

(2) 海上危険に関する3つの保険条件

ロイズMAR証券には、2009年の協会貨物約款（Institute Cargo Clauses；ICC）が海上危険に関して定める基本的な保険条件が記載されています。それが、ICC(A)、ICC(B)、ICC(C)の3つです。保険契約者がこのどれを選ぶかによって、担保危険やてん補範囲の内容、つまり、もしもの時に保険金が支払われる場合やその額が異なってきます。3つの中でICC(A)が海上危険に一番手厚く備える保険条件で、それからICC(B)、ICC(C)の順に担保危険やてん補範囲が小さくなっていきます。

ICC(A)は、原則として、保険が付けられている貨物の滅失・損傷のすべての危険を担保する保険条件です。たとえば、火災・爆発、船の座礁・沈没、地震・火山・落雷、甲板上の貨物・コンテナが波にさらわれてしまうこと（波ざらい）、海水のコンテナへの侵入、船への積み込み中における落下による梱包1個ごとの全損などのほかにも、海賊行為や盗難などの危険が広くカバーされるので、ICC(A)〜(C)の3つの中で、海上危険に一番手厚く備える保険条件になります。ただし、すべての危険を担保するとはいうものの、保険会社が責任を負わない危険（免責危険）もあり、たとえば、貨物の梱包の不適切、運送の遅延、戦争、テロ、船会社や港湾施設の労働者によるストライキなどがそうです。

ICC(B)では、ICC(A)と比べて、海賊行為や盗難などが担保されなくなります。そして、ICC(C)は、ICC(B)からさらに、地震・火山・落雷、甲板上の貨物・コンテナが波にさらわれてしまうこと（波ざらい）、海水のコンテナへの侵入、船への積み込み中における落下による梱包1個ごとの全損などがカバーされなくなります。こうしてみると、ICC(C)は、濡れても良い物（たとえば丸太など）について適しているといえます。

図表6－5　ICC(A)、ICC(B)、ICC(C)

① ICC(A)	すべての偶発的危険（貨物の梱包の不適切、延着、戦争・テロ、ストライキなどは除く）を担保
② ICC(B)	(A)から盗難や雨による濡れなどが除かれる。海水による濡れ・波ざらいは担保
③ ICC(C)	(B)からさらに地震・火山・雷、波ざらい、海水による濡れなどが除かれる　⇒濡れても良い物

なお、ICC(A)、(B)、(C)はそれぞれ、かつてのロイズSG証券における全危険担

保、分損担保、分損不担保に相当するといえます。

(3) 戦争危険とストライキ危険

ICC(A)であっても担保されない危険があるのは、(2)で述べたとおりです。しかし、戦争やテロ、労働者によるストライキなどについては、特約として、2009年の協会戦争約款と協会ストライキ約款で担保することができます（なお、テロは戦争約款でなくストライキ約款に定められています）。つまり、ICC(A)にこれら2つの約款を特約としてつければ、最も広く危険をカバーする保険となり、買主は安心できることになります（ただし、保険料はもちろん高くなります）。

(4) CIF と CIP で売主が結ぶべき保険契約の内容

CIF と CIP では、売主が保険の手配をしますが（**第1節3**を参照）、どのような内容の保険契約を保険会社との間で結ぶべきかについては、本来は買主の要望を受けて国際物品売買契約の中で決めておきます。買主との間で特に取決めがない場合、インコタームズ2020によれば、前述したように（**第2章第4節4**を参照）、売主は、CIF ではICC(C)の保険条件で、また、CIP ではICC(A)の保険条件で保険契約を結ぶ義務があります。

第4節　保険金の請求と保険代位

1　貨物の滅失・損傷・不足と買主の請求

買主が仕向港で船荷証券（**第5章第2節3**を参照）と引換えに運送人から貨物を受け取った時に、それが船荷証券に記載されたとおりの物品であれば何も問題は起きません。しかし、貨物が失われていたり、損傷していたり、また、個数や量が不足していたりする場合、買主は、これらの原因が何であるか（いつ発生したか）によって、誰にどんな請求をするかが変わってきます。まず、これらの原因が売主にある場合（たとえば、売主が目的物を容器に詰め忘れたり、売主の工場ですでに破損していたりした場合）、買主は売主に対して、物品の売買契約不適合に基づく責任を請求することになります（特に、**第3章**を参照）。次に、売買契約に適合する物品が運送人に引き渡されたけれども買主に渡されるまでの間に、運送人の不注意によって損傷などが発生した場合、買主は運送人に対して、運送品に関する注意義務違反に基づいて損害賠償の請求をすることになります（**第5章**を参照)。そして、これらが運送中に発生した場合に関しては、保険契約がこれらをカバーしているならば、買主は保険会社に対して、保険金の請求をすることもできます。売主と運送人に対するそれぞれの請求については、これまで学んだので(第2章～第5章参照)、以下では保険金の請求について主に述べていきます。

2 保険金の請求

貨物に損傷などがある場合、買主はまず、運送人に対して損害賠償請求をすることになります。運送人から損害賠償をしてもらえたらよいのですが、実際には、運送人に責任がある場合かどうかがはっきりしないために運送人が損害賠償に応じなかったりすることがあります。また、そもそも滅失・損傷・不足が運送人の責任ではない場合もあります。このような場合、買主は、保険証券を示して、保険金を保険会社に請求します。保険金が支払われるのは、もちろん、保険証券で定められている保険条件(3(2)参照)が満たされる場合にかぎります。

3 保険代位

(1) 仕組み

図表6-6 保険代位の仕組み

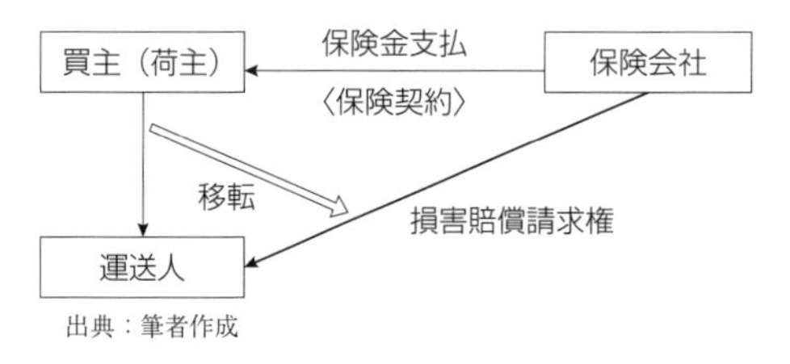

出典:筆者作成

運送人が損害賠償の支払に応じないために、買主が保険会社から保険金を支払ってもらった場合、買主が運送人に対して有していた損害賠償請求権は、どうなるでしょうか。買主がさらに運送人に対して損害賠償を請求できるとなると、買主は保険金と損害賠償金という、損害の2倍のお金を手に入れることになってしまいます。それは買主が得をしすぎるのでよくないということで、運送人はもう損害賠償をしなくてもよいことになると、こんどは運送人が自分のミスにもかかわらず何の責任もとらなくてよいことになってしまいます。そこで考え出されたのが、買主が運送人に対してもっていた損害賠償請求権が、買主に保険金を支払った保険会社に移る、という仕組みです。これを、保険代位(だいい)といいます。この保険代位が行われれば、買主が受け取るお金は保険金だけ、そして、運送人は損害賠償責任をやはり果たさなければならないことになって、全体的に衡平な結果になります。

(2) 保険代位の準拠法

たとえば、保険会社が日本の会社、買主がA国の会社、運送人がB国の会社であって、国際貨物海上保険契約には、契約の解釈と保険金の支払についてはイギリス法、その他の問題については日本法の準拠法選択約款があるとします。日本の国際私法における多数説は、保険代位ができるかどうかの問題は保険契約の準拠法で判断されるといいます。したがって、このケースでは保険契約の準拠法はイギリス法と日本法の分割指定がされていますが、保険代位が保険金の支払によって発生する問題であることから、イギリス法を保険代位の準拠法にするのが当事者の意思であれば、イギリス法が準拠法になると考えられます。

トピック❺ 貿易保険

国際貨物海上保険契約は、貿易における海上特有の危険によって貨物の損害が起きたときの保険であって、危険や損害の大きさは民間の保険会社が十分に計算して、採算がとれるビジネスです。しかし、大きすぎて採算をとるのが難しい危険や損害が発生する場合であっても、その貿易の利益の大きさや必要性などを考えて、保険をつけた上で行えた方がよいケースもあります。そこで、輸出入や海外投資などの対外取引において生じる、①国際紛争（第7章第2節トピック❻：ウクライナ・ロシア戦争の影響参照)、テロ、為替取引などの危険（非常危険といいます)、②取引の相手方の破産、債務不履行などの危険（信用危険といいます）による損失といった、通常の保険によって救済することができない危険についての保険制度があり、これを貿易保険と呼びます。日本では、1950年に創設され、旧通商産業省が運営していましたが、2001年に運営主体は独立行政法人日本貿易保険（NEXI）に移りました。2005年からは、規制緩和の一環として、民間の損害保険会社が貿易保険を引き受けることも可能になっています。

第7章

国際支払

みなさんは、コンビニエンスストアで買い物をしたり、ファストフード店で食事をしたりする際、どのような方法で代金を支払っていますか。最近は、スマートフォンによるQRコード決済や交通系ICカードの利用など、いわゆるキャッシュレス決済が増えてきていますが、依然として現金と引き換えに商品を受け取っている人も数多くいるでしょう。

一方、国際取引に目を転じてみると、現金の受渡しによる支払が行われることはほとんどありません。それでは、どのような方法が用いられているのでしょうか。次の設例を元に考えてみましょう。

《設例》

日本の会社Aは、自動車の部品を販売する取引相手として、新たにタイの会社Bとの間で売買契約を結ぶことにしたが、代金の支払方法についてなかなか合意することができなかった。Aとしては、これまでBとの間で取引をしたことがなく、またタイに政情不安のリスクがあることなどから、同国の通貨（バーツ）ではなく日本円で、かつ前払による方法を望んでいる。一方、Bとしても、これまでAとの間で取引をしたことがないことなどから、先に商品を受け取ってから代金を支払いたいと考えている。

売買契約が成立すると、売主には目的物引渡義務が、買主には代金支払義務が発生します（**第2章第1節1**参照）。このうち、売主の目的物引渡義務に関連する問題については、主に**第3章第4節1**で勉強しました。本章では、買主の代金支払義務に関する問題について扱います。

さて、設例のAとBは、どうすれば代金の支払方法について合意することができるでしょうか。両者の対立の根底にあるのは、お互いに対する不信感、言い換えると、売主であるAはBがきちんと代金を支払ってくれるのか、買主であるBはAがきちんと目的物を引渡してくれるのか心配であるということです。そこで、この不信感を払拭（ふっしょく）するために、国際取引では古くから銀行を介した支払方法、とりわけ「荷為替（にがわせ）信用状」による支払が利用されてきました。では、この荷為替信用状とはどのようなものでしょうか。他の支払方法と合わせて学んでいきましょう。

この章で学ぶこと

- 国際支払にはどのような特徴があるだろうか。国内取引の場合と比較しながら考えてみよう。
- 荷為替手形とはどのようなものだろうか。荷為替手形のもつ機能と限界に注目してみよう。
- 信用状とは何だろうか。国際支払における信用状の意義や仕組みを理解しよう。

第1節　国際物品売買契約における代金支払の特徴

国際取引には、さまざまな種類・形態がありますが（第1章第1節3参照）、ここでは国際物品売買契約を例にあげて説明します。国際物品売買契約が結ばれると、買主には代金支払義務が発生します。通常は、売買契約において、支払期日や支払方法といった具体的な内容について取り決められますが、国際物品売買契約における代金支払にはどのような特徴がみられるでしょうか。

まず、国際物品売買契約では、売主と買主が遠く離れた異国の地にいることから、現金による受渡しが行われることはほとんどありません。なぜなら、現金による支払は、時間や手間などのコストがかかるほか、輸送途中の紛失・盗難などのリスクがあるためです。また、使用通貨についても、いずれかの国の通貨単位（日本円や米ドルなど）を選択しなければなりません（第1章第1節2(2)参照）。その結果、自国通貨（たとえば日本円）と外国通貨（たとえば米ドル）の交換（両替）が必要となりますが、その交換比率（外国為替相場（かわせそうば）。たとえば、1米ドル＝120円など）は時々刻々と変動するため、場合によっては大きな損失が生じる可能性があります。

コラム⑱　為替リスクとリスク・ヘッジ

外国為替相場は、各国通貨の需給関係（各国の国際競争力や景気などの影響を受けます）や投機取引（売値と買値の差額によって生じる利益稼ぎを目的とした取引）、中央銀行による為替介入（為替相場の安定化を図るために行われる通貨当局による通貨の売買）などによって決定されます。
　国際取引の場合、扱う金額が低くないことから、外国為替相場の変動はより重要な意味をもちます。たとえば、日本の商社Ａ（売主）がアメリカ向けに100万ドルで機械を輸出する契約を締結した場合、現在のドル・円相場が１ドル＝130円として、その代金を受け取る３ヶ月後に１ドル＝120円まで円高（ドル安）が進んだ場合には、Ａは1000万円分損をしたことになります（これを為替差損といいます）。逆に、３ヶ月後に１ドル＝140円になれば、Ａは1000万円分得をする可能性もあります（これを為替差益といいます）。このように、為替相場の変動によって損益が生じる不確実性のことを「為替リスク」といいます。国際取引に従事する企業は、この為替リスクを十分に理解した上で適切に対応（リスク・ヘッジ）することが求められます。たとえば、ドルを円に換えずにそのまま保有し、ドルの支払が必要となったときに、そのドルを支払に充てる方法（為替マリー）や、３ヶ月後に１ドル＝130円で100万ドルを円に換える予約を、契約時にしておく方法（為替予約）などがあります。ただし、手数料が必要であったり、大企業でないと利用が難しい場合などもあり、どのようにリスク・ヘッジするかは各企業の重要な経営課題のひとつといえるでしょう。

　次に、国際物品売買契約では、物品等の輸送に時間がかかるため、目的物と金銭の同時引渡（同時履行）をすることができません。また、外国にいる相手方の信用状態（たとえば、売買代金を支払うだけの資金が十分にあるかどうかや倒産の可能性がないかどうかなど）を確認することも必ずしも容易ではありません。そのため、売主としては、買主がきちんと代金を支払ってくれるのか不安になり、物品の船積より先に代金を支払って欲しいと考えるでしょう。それに対して、買主の方も、売主が契約どおりの物品をきちんと送付してくれるのか不安であり、代金の支払より先に物品を船積して欲しいと考えるかもしれません。
　代金支払時期をめぐる両者のこの対立は、同時履行に近い形で取引されることで解消することができますが、そのためには何らかの「システム（仕組み）」が必要です。そのひとつが荷為替信用状を用いた支払方法です。これは、船荷証券の受戻証券性（第５章第４節９参照）と銀行による支払確約（信用状）を組み合わせた支払方法で、従来、最も適当な国際支払の方法として広く用いられてきました。
　このように、国際支払においては銀行の存在が欠かせません。現金を用いずに、銀行などの金融機関を介して手形や小切手などにより決済する方法を為替といいますが、国際支払では、安全かつ確実な支払方法として古くから外国為替（外国との間で行われる為替）が用いられてきました。

外国為替を利用する場合、大きく分けて２つの支払方法があります。第１に、買主が売主に対して代金を送金する方式（送金方式）で、口座振込などがそれにあたります。第２に、売主が買主から代金を取り立てる方式（取立方式）で、荷為替手形などがこれにあたります。以下では、送金方式の代表例である口座振込について概観した後、取立方式である荷為替手形および荷為替信用状について説明します。

第２節　外国送金

国際支払にはいくつかの方法がありますが、そのうち最もシンプルで基本形となるのが外国送金という方法です。外国送金には、主として買主が取引相手である売主の銀行口座に送金する口座振込と、買主が振り出した（発行した）小切手等を売主に送付し、売主がそれを銀行で換金する送金小切手の２つの方法があります。ここでは近年利用が増加している口座振込を例に説明しましょう（図表７-１参照）。

口座振込は、売買契約の買主（送金人Ａ）の依頼に基づいて、まず、Ａが国内の取引先銀行Ｃに売買代金相当額を（たとえば、日本円で）払込むところから始まります（①）。その後、銀行Ｃは、売主（受取人Ｂ）の所在する外国の銀行Ｄ（通常は、銀行Ｃの外国支店またはコルレス契約を結んでいる銀行）に対して、売買代金相当額をＢへ支払うよう指図（さしず）（支払指図）し、Ｂは銀行Ｄから（たとえば、米ドル

図表７-１　外国送金（口座振込）による支払例

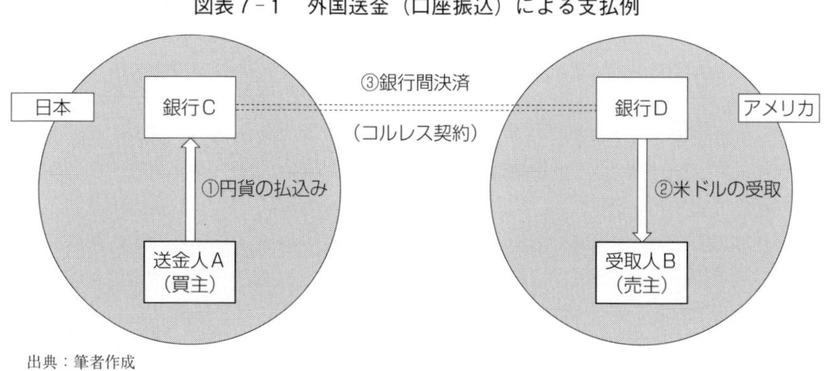

出典：筆者作成

で）受け取ります（②）。そして、銀行Ｃと銀行Ｄの間で決済（清算）されるのが口座振込による支払方法です。

銀行Ｃから銀行Ｄへの支払指図には、主として郵便で行われる郵便送金と、電信（電子媒体）で行われる電信送金があります。近時は電信送金が主流で、送金にあたっては銀行間のデータ通信サービス機関である国際銀行間通信協会（Society for Worldwide Interbank Financial Telecommunication；SWIFT（スイフト））のシステムが利用されます。なお、これら銀行間には、通常、予めコルレス契約が結ばれており、実際には、送金人が銀行に持ち込んだ現金はそのまま当該銀行にとどまって、銀行間ではコンピューター処理がなされるにすぎません。

コラム⑲　コルレス契約（correspondent agreement）

外国為替取引の場合、内国為替取引とは異なり、共通の決済機関（たとえば、日本における日本銀行など）が存在しません。そのため、外国為替取引を行う金融機関は、外国の金融機関との間で為替業務を代行してもらう契約を個別に結びます。これがコルレス契約です。コルレス契約では、通常、手形の取立依頼や送金の支払委託、信用状の授受などについて取り決められます。また、コルレス契約を結んだ相手先をコルレス銀行またはコルレスバンクと呼んでいます。

トピック❻　ウクライナ・ロシア戦争の影響

2022年２月、ロシアによるウクライナへの軍事侵攻が開始し、世界中にさまざまな影響を与えました。そのひとつが、ロシアへの経済制裁として2022年３月から始まったロシア大手７銀行グループのSWIFTからの排除です。SWIFTは、国際金融取引に関する通信サービスの標準化とコンピューターシステムの構築・運営を主たる目的として、1973年に設立された国際民間組織で（本部はベルギー）、現在、日本を含む200以上の国および地域で、１万1000以上の金融機関がSWIFTに参加しています。今回、ロシアがSWIFTのシステムから排除されたことで、事実上、外国への送金が難しくなり、各国企業もロシア事業の停止や撤退を決めるなど、その影響力は大きいものといえるでしょう。

また、ロシアによるウクライナへの軍事侵攻は、ロシアをめぐる物流にも影響を与えています。たとえば、日本の大手コンテナ船運航会社がロシアの主要港での貨物の取扱いを停止したり、シベリア鉄道を利用する貨物輸送がキャンセルされたほか、ロシアをまたいだ日欧間の航空貨物では中央アジアやアラスカ上空を迂回するなど、

2020年頃から始まった新型コロナウイルス感染症の影響と相まって、輸送の停滞やコストの高騰に拍車がかかる状況となっています。

口座振込による支払方法は、買主が代金の一部を前金として支払う場合（前払）や、商品を受け取った後に代金を支払う場合（後払）などに用いられます。しかし、前述したように、支払時期に関しては、売主および買主の間で利害が対立することから、口座振込による支払方法が国際支払の方法として用いられることは必ずしも多くありません。ただし、口座振込は比較的手数料も安価で済み、簡便で迅速な方法であることから、相手方の信用状態があまり問題とならない企業グループ間取引などにおいて、近年利用が増えつつあります。

第3節　荷為替手形

1　荷為替手形とは

荷為替手形とは、売主が買主等を支払人として振り出す為替手形（Bill of Exchange；B/E）に、手形上の権利を担保するための船積書類が添付された為替手形のことをいいます（船積書類の担保機能については、後述**第3節3**参照）。船積書類には、商業送り状（Commercial Invoice；I/V）をはじめ、船荷証券（Bill of Lading；B/L）や保険証券（Insurance Policy；I/P）など運送品を受け取る際に必要となる書類が含まれますが、具体的にどのような書類が必要であるかは売主と買主の間の売買契約で取り決められます（船荷証券の詳細については**第5章第2節3**、保険証券の詳細については**第6章第3節3**を参照）。なお、船積書類という名称ですが、実際に船に積まれるわけではなく、売主から銀行経由で買主に引き渡されます（「付属資料5　船荷証券のイメージ／付属資料6　貨物海上保険証券のイメージ」を参照）。

荷為替手形には、為替手形金の支払があれば船積書類を引き渡す(a)支払渡条件（Document against Payment；D/P）と、為替手形の引受（将来の支払を約束すること）があれば船積書類を引き渡す(b)引受渡条件（Document against Acceptance；D/A）の2種類あります。いずれの条件によるかは、売主と買主の間の売買契約で取り決められます。一般に、(a)は、買主による代金支払と同時に目的物を引き渡すことができることから、売主にとって有利な条件といえます。それに対して

(b)は、引受から支払までに一定期間の猶予があることから、その間に目的物を転売して手形の支払に必要な資金を調達できるなど、買主にとって有利な条件といえるでしょう。

2　CIF売買における荷為替手形による貿易取引モデル

たとえば、CIF売買（第2章第3節2参照）において荷為替手形（ここではD/A）による支払方法が用いられる場合、次のような流れとなります（図表7－2参照）。

まず、売主Aと買主Bとの間で、支払方法を荷為替手形とする売買契約が締結されます（①）。その後、売主Aは、運送人Cとの間で運送契約を、保険会社Dとの間で保険契約をそれぞれ締結し、保険証券の発行および船荷証券（通常3通）の交付を受けます（②～⑦）。そして、売主Aは自身の取引銀行である銀行Eに対して、買主Bを支払人とする為替手形に船積書類を添えた荷為替手形の

図表7－2　荷為替手形による支払例

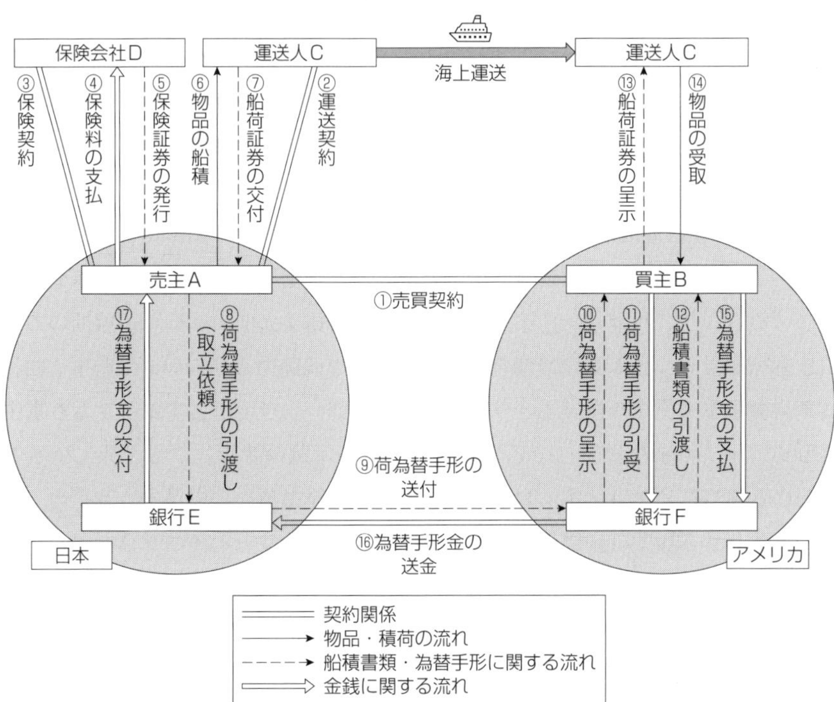

出典：筆者作成

家族の変容と法制度の再構築

●ジェンダー／セクシュアリティ／子どもの視点から

二宮周平・風間 孝 編著 6160円

研究者と実務家が分野横断的に実態と変容を分析、考察。具体策を提起。

序章　家族と法制度の変容

1部　家族のリアルを問い直す

Ⅰ　現代日本と家族のリアル
新自由主義以降の家族規範の変容とグローバル資本主義の展開／子育て支援と家族主義／男の介護を通して見る「ケアとは何か」／若者の結婚言説にみる結婚観の〈変質〉と親密性の変容／ステップファミリー

Ⅱ　セクシュアリティの多様性と家族の変容
異性愛を前提とする家族概念をはみ出す同性パートナーシップ制度／セクシュアルマイノリティの家族形成／トランスジェンダーが子どもをもつこと

2部　法制度の再構築を考える

Ⅰ　ジェンダーと原理論・法構造
「近代家族」を超える／家族と民主主義／憲法・人権からみたジェンダーおよび親密圏／暴力とジェンダー

Ⅱ　セクシュアリティ・子どもからの法制度の再構築
セクシュアルマイノリティに関する国際社会の議論の到達点と課題／子どもの権利保障／子ども虐待対応に関する現行法の問題点と改正私案／子どもの権利向上の視点からの「家族」支援法制の考察

終章　血縁・婚姻から意思へ

子どもと家族の貧困

●学際的調査からみえてきたこと 3740円

松本伊智朗 編著

▶自治体と大学研究チームによる大規模調査（2歳・5歳・小2の保護者、小5・中2・高2の子どもと保護者）
▶貧困研究者と教育を軸とした社会学者・心理学者の協働作業
▶年齢段階に即した考察で「貧困問題の構図」を再考

第Ⅰ部　研究の背景と分析視角
1 貧困を可視化する／2 調査の概要と所得階層
第Ⅱ部　子育て家族の貧困と制約の構造
3 保護者の仕事／4 子育て世帯の家計／5 社会的つながりと公的諸制度の利用／6 子どもの貧困と健康
第Ⅲ部　子どもの生活と育ち、学び
7 乳幼児期の生活、子育て、保育／8 子どもの生活と経験／9 子どもの貧困と思春期の発達／10 学校での学びと経済状況／11 進路、地域、経済
終章　知見のまとめといくつかの覚え

新たな時代の社会保障法

山田 晋・西田和弘・石田道彦・平部康子・丸谷浩介 編 7920円

社会保障の枠組みと法体系、個別領域の課題と展望を示す。

第1部 目的からみる社会保障法
社会変動と社会保障法／グローバル化と社会保障／所得保障法における最低所得保障の課題／健康保障法／生活自立支援保障法における教育保障の展開／労働自立支援保障法の現代的意義／社会保障法における権利擁護／アフターコロナのベーシック・インカム論／社会保障法における住宅保障／生活自立支援保障法における犯罪をした者／社会法基本原理の再検討

第2部 社会変動と社会保障法の展開
デジタル化と社会保障法／介護者の権利／業務上疾病の範囲と行政規則の機能／保険診療契約主体（緒論）／社会変動と国民年金保険料の免除等の課題／社会モデルから見た障害者就労支援／障害者就労における働き方の変化

新シリーズ［Basic Study Books：BSB］刊行開始

＊初学者対象。基礎知識と最新情報を解説。
＊側注に重要語句の解説や補足説明。
＊クロスリファレンスで全体像がつかめる。

A5判・平均250頁・本体2500～2800円+税

［BSB］
地方自治入門 2750円

馬場 健・南島和久 編著

歴史、制度、管理を軸に、最新情報を織り込んで解説。「基盤」「構造」「運営」「活動」の4部16章構成。

リーディング メディア法・情報法

水谷瑛嗣郎 編 3190円

新しい枠組みにそって解説。ビッグデータやAI技術利用の行動操作等に論及、ポスト・デジタル時代の情報環境・情報法学を読み解く。

［HBB⁺］
いのちの法と倫理〔新版〕

葛生栄二郎・河見 誠・伊佐智子 2860円

現代リベラリズムとは一線を画し、いのちの尊重と人間の尊厳の観点から考える。90年以降今日までの経過をふまえ解説した最新版。

法律文化社　〒603-8053 京都市北区上賀茂岩ヶ垣内町71 TEL075(791)7131 FAX075(721)8400
URL:https://www.hou-bun.com/　◎価格税込

引渡し（取立依頼）を行います（⑧）。銀行Ｅは、外国にある銀行Ｆ（通常、銀行Ｅの外国支店またはコルレス銀行）に荷為替手形を送付し、取立を依頼します（⑨）。依頼を受けた銀行Ｆは、買主Ｂに対して荷為替手形を呈示し、買主Ｂによる手形の引受と引き換えに船積書類を引き渡します（⑩～⑫）。そして、買主Ｂは船荷証券を運送人Ｃに呈示して物品を受け取り、銀行Ｆに為替手形金を支払います（⑬～⑮）。銀行Ｆは、銀行Ｅに当該手形金を送金し、最終的に売主Ａに手形金、すなわち売買代金相当額が支払われます（⑯～⑰）。

売買契約に関する詳細については**第２章**、運送契約に関する詳細については**第５章**、保険契約に関する詳細については**第６章**をそれぞれ参照してください。

3　荷為替手形の機能と限界

荷為替手形による支払には、次のような機能（メリット）があります。

第１に、同時履行の機能です。荷為替手形を用いた場合、売主の取引銀行が荷為替手形の取立や買取等を行うことから、売主は物品の船積後ただちに代金を回収することができます（特にD/Pの場合）。一方、買主の方も船積書類と引き換えに手形の支払または引受を行うことになるため、少なくとも船荷証券記載の物品が船積されたことを確認した上で代金の支払をすることができます。

第２に、荷為替手形の担保機能です。荷為替手形には船積書類が添付されますが、そのひとつに船荷証券があります。船荷証券には、文言証券性および受戻証券性という効力があることから、担保としての機能を有します。それゆえ、仮に買主の債務不履行（手形の引受拒絶や支払拒絶）があったとしても、売主の取引銀行は、担保権を実行して物品を処分することもできますし、あるいは手形の振出人である売主に手形金の支払を求めることもできます。

このように、荷為替手形は、売主、買主および取引銀行の利害を合理的に調整することができる支払方法となっていますが、これは買主が代金を支払ってくれることが大前提であり、売主としては、買主による代金支払を確認できないまま物品を船積することに変わりはありません。また、買主の信用状態が明らかでない場合には、売主の取引銀行が荷為替手形の買取を拒否する可能性もあります。買主の不払のリスクは、依然残されたままなのです。

そこで、買主による手形の引受と支払を買主の取引銀行が確約することによって、売主およびその取引銀行の不安を除去する支払方法として、次に述べる荷為替信用状が考え出されました。

第4節　信用状

1　信用状とは

信用状（Letter of Credit；L/C）とは、買主の依頼に基づいて、発行銀行（通常、買主の取引銀行）が、一定の条件の下で、売主の振り出す為替手形の引受・支払・買取を約束した書状をいいます。国際物品売買契約の場合、この信用状に荷為替手形を組み合わせた荷為替信用状が用いられてきました（「付属資料7　商業信用状のイメージ」を参照）。

荷為替信用状は、前述した荷為替手形とは異なり、買主の信用力をその取引銀行が保証している点に特徴があります。これにより、売主は安心して物品を船積することができ、また売主の取引銀行も荷為替手形の取立・買取に応じやすくなります。さらに、信用状は、売買契約で定められた種類および内容どおりのさまざまな書類が売主から届けられることを条件として発行されるものであるため、買主としても信用状の記載に合致する、きちんとした物品を確実に入手できるという利点があります。

このように、荷為替信用状による支払方法は、銀行による支払確約と船荷証券のもつ受戻証券性を組み合わせることによって、物品引渡と代金支払の同時履行の状態を最もよく達成した貿易モデルといえるでしょう。

コラム⑳　スタンドバイ信用状

スタンドバイ信用状とは、買主による支払遅延などの債務不履行があった場合に備えて、発行銀行（通常は、買主の取引銀行）が損害賠償等の支払を担保（保証）する信用状のことで、スタンドバイ・クレジットと呼ばれることもあります。スタンドバイ信用状は、貿易取引の決済手段として用いられるほか、日本企業の海外現地法人や海外支店が現地の銀行から（現地の流通通貨で）融資を受ける際に、日本の取引先銀行がその融資を担保する目的で、当該外国銀行を受益者として発行する場合もあります。本節で述べる「支払確約」としての荷為替信用状とは異なりますので、注意しましょう。

2　CIF 売買における荷為替信用状による貿易取引モデル

たとえば、CIF 売買において荷為替信用状による支払方法が用いられる場合、次のような流れとなります（図表7－3参照）。

まず、売主Ａと買主Ｂとの間で、支払方法を荷為替信用状とする売買契約が締結されます（①）。その後、買主Ｂは、自身の取引銀行である銀行Ｆに対して信用状の開設（作成）を依頼し、銀行Ｆは信用状を発行する場合、通常、外国にある銀行Ｅを経由して、売主Ａに信用状の通知を行います（②～④）。それを受けて売主Ａは、運送人Ｃとの間で運送契約を、保険会社Ｄとの間で保険契約をそれぞれ締結し、保険証券の発行および船荷証券の交付（通常3通）を受けます

図表7－3　荷為替信用状による支払例

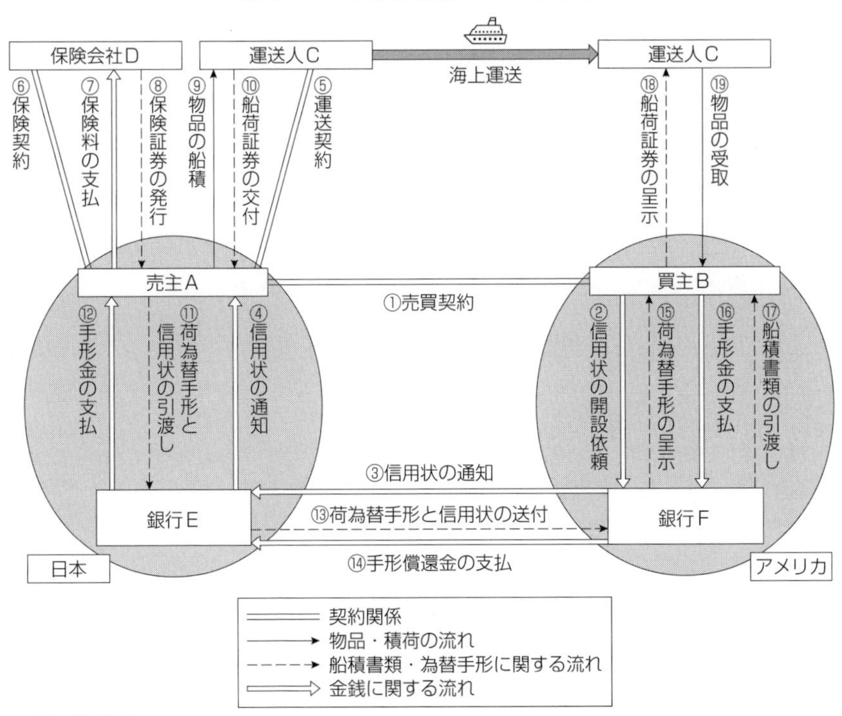

出典：筆者作成

（⑤～⑩）。その後、売主Ａは、銀行Ｆまたは買主Ｂを支払人とする為替手形を振り出し、信用状条件に合致した船積書類を添えて信用状とともに銀行Ｅに引き渡し、銀行Ｅから手形金の支払を受けます（⑪～⑫）。銀行Ｅは、銀行Ｆに荷為替手形と信用状を送付して手形償還金の支払を受け、銀行Ｆは、買主Ｂに対して荷為替手形を呈示、手形金の支払と引き換えに船積書類を買主Ｂに引き渡します（⑬～⑰）。最後に、買主Ｂは、船荷証券を運送人Ｃに呈示して物品を受け取ることになります（⑱～⑲）。

3　信用状統一規則

信用状は、取引実務から生成・発展したものですが、信用状取引が急増した第１次世界大戦以降、商慣習等の違いから信用状取引をめぐる法律上の争いが増加しました。そこで、信用状に関するそれまでの取引慣行を明文化して統一を図るため、1933年に国際商業会議所（ICC）によって民間統一規則である「荷為替信用状に関する統一規則および慣例（Uniform Customs and Practice for Documentary Credits；UCP）」（以下、信用状統一規則またはUCPと略）が採択されました。

採択当初は、ドイツやフランスといった大陸法系諸国（**第３章コラム❾**参照）の銀行でのみ採用されましたが、その後、運送・通信手段の変化および情報処理技術の発達などに伴う取引実務の変化に対応して数次の改定が重ねられ、現在ではアメリカやイギリスを含む世界大多数の国の銀行によって利用されています。日本でも信用状統一規則を一括採用していることから、日本の銀行が発行する信用状はすべて本規則によることになります。現在は、2006年に改訂されたUCP600が最新のものであり、2007年７月１日より効力が発生しています。

なお、信用状統一規則は、インコタームズと同様、民間機関の作成した統一規則（**第１章第３節２**参照）であることから、原則として当事者がそれによるとする合意が必要です（図表７‐４参照）。

4　信用状の二大原則

信用状には、２つの重要な基本原則があります。

第１に、独立抽象性の原則（または信用状独立の原則）です。信用状は、売買契約に基づいて発行されるものですが、信用状統一規則によれば、信用状とその基

図表7-4　信用状統一規則の位置づけ

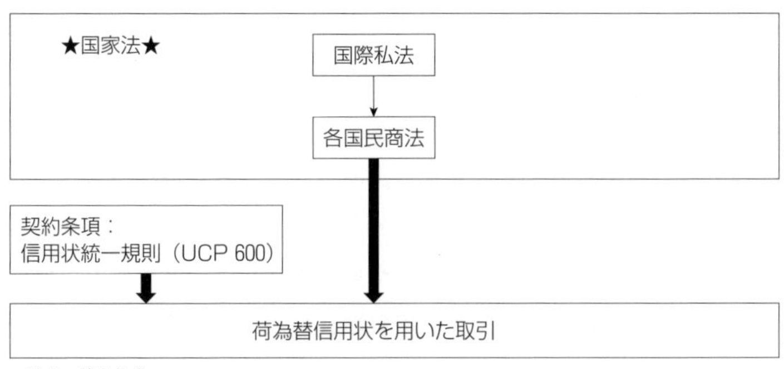

出典：筆者作成

礎となる売買契約などは別個独立したものであり、信用状発行銀行は自らが発行した信用状に記載されている条件（信用状条件）にのみ拘束され、売買契約の内容（取引条件）には左右されません（UCP 4条）。信用状を原因関係（基礎となる売買契約）から切断することで、信用状の迅速かつ円滑な取引を図ることがその根拠としてあげられます。したがって、仮に売買契約に不備があったり、買主が倒産したりしても、信用状条件と文面上一致する書類の呈示があるかぎり、発行銀行は信用状債務の支払を免れることはできません。

第2に、書類取引の原則です。信用状取引は、迅速かつ安全に行われる必要があることから、書類の記載のみに依拠した書類取引とされています（UCP 5条）。したがって、銀行は、呈示された書類が信用状条件と文面上一致するかどうかにつき形式的に点検する義務を負うのみで、実際に船積された物品の品質や数量、実在等について調査する義務はありません（同14条・34条）。また、形式的な書類審査しか行われないため、銀行に呈示される書類は信用状条件と厳密に一致していることが求められます（これを信用状厳格一致の原則といいます）。仮に、信用状条件と書類の内容が一致していない場合には（このような状態をディスクレパンシー（Discrepancy）、ディスクレと略）、発行銀行は支払を拒絶することができます（同16条）。そのため、実務上、どのような場合にディスクレとなるかについて争われることが少なくありません（なお、東京地判平15・9・26金法1706号40頁参照）。

5　最近の信用状事情

上述したように、荷為替信用状を用いた支払方法は、遠く離れた地にある企業間の決済方法として同時履行を実現できる優れた方法のひとつであり、これまで国際取引において広く用いられてきました。しかし、信用状は他の支払方法と比べて手数料が高く事務手続も煩雑（はんざつ）であること、また、近年は相手の信用状態が問題とならない企業グループ間取引が増えてきていること、さらに、最近ではインターネット等を利用して外国企業の信用格付情報が入手しやすくなったことなどから、荷為替信用状よりも送金方式を用いる方が主流になりつつあります。ただし、国・地域によっては、国際取引の支払方法として信用状の利用が義務付けられる場合もあり、それぞれの取引に応じた支払方法の選択が重要となります。

トピック❼　最近の信用状電子化の動き

信用状は、諸説あるものの、遅くとも14世紀頃に欧州で用いられていた旧式信用状が、19世紀になって荷為替信用状にとってかわったといわれており、以降、国際取引の主たる支払方法として世界中で数多く利用されてきました（19世紀半ばに出版されたアレクサンドル・デュマの『モンテクリスト伯（巌窟王）』にも登場します）。最近では、イギリス・フランス・オランダなどの海外大手金融連合が、信用状のやり取りにつき、ブロックチェーン（分散型台帳）を用いて一体的に管理するサービス（フィンテック企業）を開始しました。ブロックチェーンは、従来の中央集権型システム（取引データなどを一括して管理する方法）と異なり、各取引データを一定期間「ブロック（箱）」に収納して「チェーン（鎖）」でつなぎ合わせることで取引の連続性が担保できる技術で、データ改ざんのリスクが低く、コストを抑えることができます。またこれにより、これまで信用状（紙媒体）の確認に１週間ほどかかっていたのが24時間に短縮できるとされており、日本でも実用化に向けた実証実験がなされるなど、今後の動向が注目されます。

第8章

国際知的財産法

国際取引の対象となるものは？と聞かれて、石油・石炭などのエネルギー資源、農作物や海産物、自動車など、形あるものを思い浮かべた人は多いのではないでしょうか。しかし、現代社会で国際取引の対象となっているものは、物理的な形のある財産だけではありません。

たとえば、精密機器に使われている高度な技術、会社や商品のロゴ、顧客情報、機械操業などのノウハウ、ソフトウェアのプログラム、デザイン、漫画、映画など……。現代の国際ビジネスでは、こういった形のない財産も活発に取引されています。これらは、人の知的活動・創作活動によって生み出された、取引の対象にもなる価値ある財産ということで「知的財産」と呼ばれています。

これらの知的財産は、多くの国で法律によって保護されています。物理的な形がなくても、勝手に使ったりコピーしたりしてはいけない、と聞いたことがある人もいるでしょう。たとえば、高度な発明などは特許権で、絵や文章などは著作権で保護されています。特許権や著作権をはじめとする、知的財産を守る権利を総称して知的財産権と呼んでいます。

ところで、このあと学ぶように、知的財産権は国ごとに成立します。そのため、知的財産（権）をめぐって国境を越える取引をする場合には、さまざまなことに気をつけなければなりません。次の設例を元にどんな点が問題になるか考えてみましょう。

《設例》

（1）A は、無線通信技術に関するある発明をし、日本をはじめとする複数の国で特許権を取得したいと考えている。

（2）A は、日本のほか、韓国・ドイツ・フランスで特許権を取得したとする。他方、ドイツ法人 B 社は、A の発明した技術を使用した製品をドイツとフランスで販売したいと考えている。

（3）ドイツ法人の B 社は、最終的に A から日本以外の 3 ヶ国の特許権を譲り受け、対象技術を使用した製品を自社工場で製造していた。他方、韓国法人の C 社はこの技術と、その技術の利用のためのノウハウを A から供与してもらい、韓国国内で製品の製造と販売をしたいと考えている。

設例（1）について、Aはそもそも、自身の発明について特許権を取得するために、どこでどのような手続をすればよいのでしょうか。また、設例（2）や（3）でB社とC社が製品を販売したり技術を利用したりするためには、どのような法的問題があり、それぞれどのような交渉や契約をすればよいでしょうか。

この章では、知的財産の国際的な保護に関する基礎知識に関する学習を出発点として、国際取引における知的財産・知的財産権の活用、またそれらを巡る法的な課題について学びます。

この章で学ぶこと

- 知的財産・知的財産権にはどのような種類のものがあり、それぞれ法律上どのように保護されているかを理解しよう。
- 国際取引において知的財産（権）がどのように活用されているか、国際技術移転や並行輸入とは何か、具体的なイメージをもとう。
- 知的財産（権）に関する国際取引に関するどのような法律問題があり、それらがいずれの法規範に基づきどのように解決されているかを理解しよう。

第1節　知的財産・知的財産権とは

知的財産とは、人の知的活動・創作活動によって生み出された、取引の対象にもなる価値ある財産の総称です。最先端の技術や薬の製法などの発明、音楽・絵画・写真などの著作物がその代表ですが、このほかに会社名やブランドのロゴ、ビジネス上利用価値のある営業秘密やノウハウなども含まれます。物理的な形のない財産であるということで、無体財産とも呼ばれています。

知的財産は実体のない情報であるために、複製（コピー）や模倣、アイデアの盗用などが起きやすいという問題があります。たとえば、データの複製や文章をまるごとコピーして自分の原稿に載せることなどは、とても簡単にできますよね。そこで多くの国では、知的財産を勝手に使ったり模倣したりできないように法的に保護しています。どのような知的財産をどのように保護するかの問題は各国の産業政策と深く結びついているため、国によってさまざまな違いがありますが、知的財産の保護の基本的な枠組みは国際条約によってある程度統一されています。

知的財産を保護するための権利が知的財産権です。知的財産権もさまざまな権利の総称であり、特許権と著作権がその代表です。この２つのほかにもさまざまな種類の知的財産権が存在しています。さらに、「○○権」としては存在していないものの、無断利用などに関して法律上の保護が与えられているタイプの知的財産（ノウハウなど）も存在します。

資源に乏しい日本は、知的財産を活用して世界市場でビジネスを展開してきました。たとえば、高度な技術力に支えられた日本の製品は世界で高い評価を受け、戦後の経済成長を支える原動力ともなりました。現在も私たちの身の回りには多くの知的財産が存在し、知的財産・知的財産権は国際的にも活発に取引されています。以下では、特許権を中心に、知的財産・知的財産権の保護の仕組み（知的財産権制度）の概要と、国際的な技術移転をはじめとする国際取引における活用方法について説明します。

第２節　知的財産権制度の基礎知識

1　知的財産権の種類

知的財産権は、知的財産を保護する権利の総称で、上記のとおり、著作権と特許権がその代表的なものです。特許権に関しては、工業上の他の知的財産権と合わせて工業所有権（または、産業財産権）と呼ぶことがあります。

著作権は文章・絵画・音楽などの知的財産（著作物）を対象として保護する知的財産権で、審査や登録などの特別な手続等を経ることなく、創作と同時に権利が発生するという点が特徴です（この仕組みを、無方式主義と呼びます）。このような著作権に対して、特許権をはじめとする工業所有権グループの権利は、創作したりしただけで自動的に権利が発生することはありません。所定の機関（日本では特許庁）に出向いて、法律上定められた一定の手続をしなければ権利を得ることができません（この仕組みを、無方式主義に対して、方式主義と呼びます）。工業所有権には、産業上利用可能な高度な技術（発明）を対象とする特許権のほかに、商品に付けるブランド名やロゴなどのマーク（標章）を対象とする商標権、意匠（デザイン）を対象とする意匠権、考案を対象とする実用新案権が含まれます。

なお、著作権と工業所有権に加えて、植物の新品種を保護する育成者権、半導体の回路配置を保護する回路配置利用権、さらには、ノウハウやトレード・シークレット（営業秘密）などの、権利としては存在しないものの法律上一定の保護が与えられるタイプの知的財産も含めて、知的財産権と呼ぶこともあります（知的財産基本2条参照）。

2　知的財産権の保護に関する国際的枠組み

知的財産権の保護の仕組み（知的財産権制度）は、国によっても、また知的財産の種類によっても、さまざまに異なっています。知的財産権の保護は国単位で、特許権についていえば、同じ技術を対象としていても、○○国の特許権・△△国の特許権というように、国ごとに別々の特許権が発生します。こういった、各国バラバラの状態にあることで生じる不都合をできるだけ減らすことなどを目的として、いくつかの国際条約が作られました。特許権をはじめとする工業所有権については1883年の「工業所有権の保護に関するパリ条約」（以下、パリ条約と略）が、著作権に関しては1886年の「文学的及び美術的著作物の保護に関するベルヌ条約」（以下、ベルヌ条約と略）があり、日本を含む多くの国が同盟国となっています。これらの2つの条約によって、保護の対象や範囲などに関して各国制度の基本的な部分がある程度統一されたと同時に、権利の取得・出願・保護期間などに関して同盟国間での調整が図られました。これらの条約によって定められた重要な原則として、各国法において内国人と外国人を差別しないこと（内国民待遇。たとえば、外国人だけに特別の費用を支払わせたり、保護期間を短くしたりするなどしてはいけません）や、各国の権利はそれぞれ独立の関係にあって、ある国での権利の取得や消滅が他国の権利の存否に影響しないこと（権利独立の原則。たとえば、ある発明についてA国とB国で特許登録がされている場合に、A国の特許権が無効となっても、そのことを理由としてB国の特許権が無効となることはありません）などがあります。著作権に関する上記の無方式主義も、ベルヌ条約で各国法に導入が義務づけられたものです（ベルヌ条約5条2項）。

知的財産権の保護や利用に関しては、ほかにもさまざまな国際条約が存在しています。たとえば1994年の「知的所有権の貿易関連の側面に関する協定」（以下、TRIPs（トリップス）協定と略）は、パリ条約・ベルヌ条約によって整備された国際的な保護の枠組みを前提に、知的財産権の一層の保護を求めると同時に、実効性のある権利行使手続などについて定めています。これは、1980年以降に知的財産関連商品の国際取引が増加し、国際取引における知的財産の重要性が増す一方で、偽ブランド商品や海賊版のCDなどが多く流通し、貿易に悪影響を及ぼすケースが多くみられるようになったことなどを受けて、知的財産権保護の強化が図られたものです。

このほかに、特に特許権と商標権に関しては、権利の複数国への出願（国際出願）や登録（国際登録）のための手続等をより簡便にできるよう、各国の協力体制を整えた条約がいくつか存在しています。国際取引の拡大に伴い、複数の国での権利取得が望まれることが増えていますが、特許権や商標権の権利取得にあたっては、原則として国ごとに出願申請等の手続を行う必要があります（したがって、設例（1）では、権利取得を望む国ごとに出願手続を取るということになります）。しかし、権利取得は基本的に「早い者勝ち（早く出願した者勝ち）」であるため、各国の手続に則った出願書類や翻訳文などを準備している間に、手遅れになってしまうことがあります。複数国での権利出願を考える人がこのような不利益を被ることがないよう、条約によってさまざまな仕組みが整備されました。たとえば特許協力条約（PCT）では、1国への出願手続で複数国における特許出願を同時にしたとの扱いを受けることができます。商標権に関してはマドリッド・プロトコル（標章の国際登録に関するマドリッド協定の議定書）が定める国際登録制度があり、これも1回の出願手続で複数国における商標出願をすることが可能になっています。

コラム㉑　属地主義

知的財産権に関しては「属地主義の原則」が妥当すると考えられています。しかし、権利独立の原則や内国民待遇とは異なり、属地主義の原則について条約が定めているというわけではなく、日本の知的財産法にも明文の規定はないため、その内容や根拠などについて議論があります。最高裁は特許権の属地主義について、「各国の

図表8－1　属地主義

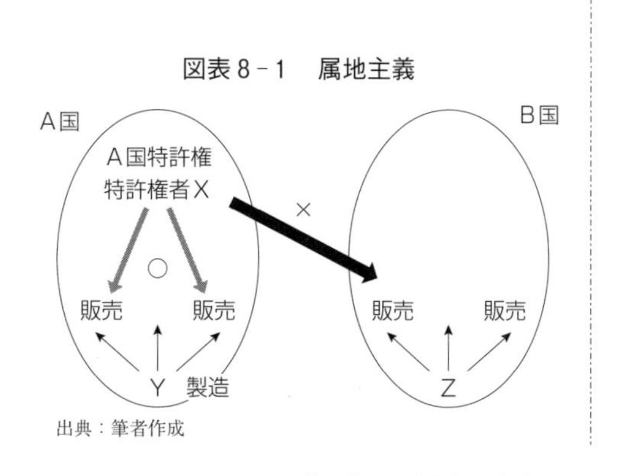

出典：筆者作成

特許権が、その成立、移転、効力等につき当該国の法律によって定められ、特許権の効力が当該国の領域内においてのみ認められること」（最判平９・７・１民集51巻６号2299頁）と定義していますが、各国の権利が並存するという状態にある以上これは当然の帰結であると考える意見がある一方、この属地主義を貫けば、日本の特許権は外国における行為によって侵害されることはない（権利の効力を外国に及ぼすことはできない）ということになるため、効果的な権利保護の観点から適切でないとの意見も唱えられています。特許権以外の知的財産権についても同様に属地主義は妥当すると考えられていますが、国境のないインターネットの世界でどう考えるかといった問題などとも絡んで、属地主義の根拠や意義について再検討する動きもみられています。

3　知的財産権保護の概要

２でみたとおり、各国の知的財産制度は複数の国際条約によってある程度の調和が図られています。条約が各国法に委ねている細かい部分に関しては国ごとに異なっていますが、大まかな保護の仕組みは共通しています。国際取引における知的財産（権）の活用について学ぶ前提として、知的財産がどのように保護されているか、権利があるとはどういうことか、もう少し詳しくみてみましょう。

すでに説明したとおり、特許権をはじめとする工業所有権は、発明や考案などが完成しても、自動的に権利が与えられるということはありません。権利取得のためには、国ごとに所定の機関（日本では特許庁）に出むいて、各国法で定められた手続（出願等）をする必要があります（方式主義）。さらに、特許権の場合は、ある発明をして出願をすればつねに権利が付与されるというわけでもありません。出願後、産業上利用可能か、これまで知られていなかった新しい発明か、公序良俗に反しないかといった各種の要件（特許要件）に照らして、権利を付与されるにふさわしいかの審査がなされ、この審査を通ってはじめて登録が認められて、権利が発生します。他方で、著作権についてはこのような出願審査の仕組みはなく、創作と同時に何らの手続も介することなく権利が発生します（無方式主義）。なお、特許権の場合は、出願と同時にその内容の詳細が公開されます。独占的な権利を与える代わりに、世間に対して新しい技術の情報を提供・開示し、さらなる発明や技術の進歩を促進しているわけです。

特許権をはじめとする知的財産権は「排他的独占権」であるといわれます。これは、原則として権利をもっている人のみがその知的財産を利用できる、という意味です。裏を返せば、権利者以外の人が、権利者に無断で対象の知的財産を利用すれば、それは知的財産権の侵害となります（どのような利用行為を独占できるか＝どのような行為が知的財産権の侵害となるかは、権利の種類によって、また国によっても異なります）。日本を含む多くの国では、知的財産権の侵害があった場合の救済として、損害賠償と侵害行為の差止めが認められています。

特許権・著作権などの権利として存在するタイプの知的財産権は、原則として「期間限定」の権利で、保護されるのは法律上定められた期間内のみです（保護期間。日本法では、特許権については出願から原則として20年、著作権については原則として著作者の死後70年です。他方、商標権の保護期間は設定登録の日から10年と定められていますが、更新が可能です）。権利の保護期間を過ぎた後は、誰でも自由にその発明や著作物などを利用できるようになります（パブリック・ドメインとなる、といいます）。これに対してノウハウなどの、権利としてではないものの営業秘密として保護されるタイプの知的財産については、保護期間の設定はありません。秘密として管理されているなどの、保護のための法律上の要件を満たしているかぎりは保護されます。このため、出願をすれば審査が通って特許権を取得できる可能性がある技術であっても、出願によって公開されてしまい、将来的にパブリック・ドメインとなってしまうことを敬遠して、あえて出願せずノウハウとしての保護を受ける道を戦略的に選ぶという場合もあります。

コラム㉒　パブリック・ドメイン

本文にあるように、知的財産権が権利満了となったり放棄されたりして消滅し、その知的財産が誰でも自由に利用できる状態にあることをパブリック・ドメインとなっている、といいます。とりわけ文学作品について、著作権切れの名作を収集して公開する、青空文庫やプロジェクト・グーテンベルクなどについて聞いたことがある人もいるのではないでしょうか。こういったプロジェクトは、社会全体で価値ある作品等を共有し、後世に伝えることができるという点で非常に有益ですが、注意も必要です。特に気をつけたいのが知的財産権の保護期間で、これは国によって異なっています。日本法上の著作権が切れていても、外国法でも同様とはかぎりません。とりわけインターネットで公開したり利用したりする場合は、世界中からアクセスできるということを踏まえ、外国法に照らしても問題がないか、確認する必要があります。パブリック・ドメインとなっていると思ってビジネスに使っていたら権利侵害だといわれてしまった、などということにならないよう、気をつけましょう。

第３節　国際技術移転

１　国際技術移転とは

知的財産権は、ただ持っているだけでは何らの利益も生み出しません。では、知的財産権を使ったビジネス（取引）で利益を得るには、どんな方法があるでしょうか。

１つは、製品の製造・販売・輸出入などを自分だけが独占的に行って利益を得るという方法です。また、知的財産権も移転可能な財産権の一種ですから、物の所有権と同じように権利自体を売買して利益を得る、というやり方もあります。さらには、権利自体は自分が持ったまま、金銭などと引き換えに、権利が対象とする知的財産を利用する許可（実施許諾またはライセンス）を他人に与える、というやり方もあります（アプリのインストール時などにする「同意」で、プログラム等に関する知的財産権の実施許諾契約を締結していることはよくあります）。これらは、売買（譲渡）の場合は譲渡人と譲受人との間で、実施許諾の場合は許諾を与える権利者（実施許諾者、ライセンサー）と許諾を受ける者（実施権者、ライセンシー）との間で契約を結んで行います。設例（２）において、Ｂ社がＡの技術を利用するためには、Ａからドイツの特許権とフランスの特許権を買い受けて自らが権利者となって技術を利用（実施）するか、Ａから実施許諾を受ける必要がある、ということになります。

他方、設例（３）はやや複雑です。設例（３）でＣ社は、特許権で保護されている技術だけでなく、その技術活用のためのノウハウも合わせてＢ社に供与して欲しいといっていますね。こういった、産業上利用可能な技術やそれにまつわる各種の情報・知識など（これらを以下ではまとめて「技術」と呼ぶことにします）を他者に提供し、それを利用させたり譲渡させたりする契約のことを、技術移転契約と呼んでいます。設例（３）のように、国境を超えて（つまりは、活動する国が異なる当事者間で）締結される技術移転契約のことを、国際技術移転契約といいます。設例（３）におけるように製品製造などの場面で登場することもあれば、プラント（生産設備や大型機械などのこと）輸出契約や、代理店・販売店契約、合弁契約、海外子会社の設立、海外製造拠点の確保などに付随する形で締結される場合もあり、その内容と目的はケース・バイ・ケースです。

2　国際技術移転契約の主な内容

国際的なものにかぎらず、技術移転契約の内容は多種多様で、取引ごとにさまざまに異なっています。中心となっているのは技術の実施・利用許諾ですが、技術移転契約で実施許諾の対象となる「技術」は、特許権で保護されている技術だけとはかぎりません。商標権で保護されているブランド名やロゴ、意匠権で保護されている製品デザインなども対象になることがありますし、権利の形では保護されていない各種のノウハウや、図面・見本（製品サンプル）・設計図・マニュアルなどの非公開情報や資料の提供が含まれることも珍しくありません。さらには技術や関連情報などの供与だけでなく、現場での従業員の指導・訓練、経営指南まで求められることもあります。このため、国際技術移転契約は、特許等の権利またはノウハウなどの実施許諾を中心に、売買（譲渡）・委託・請負・共同開発などさまざまな内容を含む国際的な混合契約となることも少なくなく、それゆえに国際技術移転契約をめぐる法的規律も複雑なものとなりがちです（法的規律の詳細については4を参照）。

3　実施許諾契約

国際技術移転契約の中心となっている実施許諾契約の具体的な中身は、移転対象の技術や情報がどのように保護されているか（権利の種類）や、技術移転の目的など、状況によって異なります。ここでは、特許権で保護された技術を実施許諾する場合を前提に、実施許諾（実施権）の種類や実施許諾の際に契約上定められることが多い事項など、実施許諾（ライセンス）の概要について説明します。

⑴　実施権

実施権（ライセンス）とは、対象の技術を使用する（特許権についていえば、特許発明を実施する）権利です。実施権の設定にあたっては、どの技術をどの範囲（実施の態様・数量・製品の種類等の内容、販売や輸出の地域、期間等）で実施することを認めるかや、実施権者が技術をさらに別の者に実施させることができるか（再実施またはサブライセンスといいます)、対価(実施料、ロイヤルティなどといいます)の金額や支払方法などについて、当事者間で協議の上、契約によって定めることになります。

日本を含めた多くの国では、実施権は独占的な実施権と非独占的な実施権の2種類に大別されます。日本の特許法では、専用実施権と呼ばれる独占的実施権と、通常実施権と呼ばれる非独占的実施権があり、前者の専用実施権は契約によって設定され、登録されることで効力を生じます(特許98条1項2号)。専用実施権は、実施権者(ライセンシー)のみが実施することができるとされるもので(同77条2項)、設定された場合には実施許諾をする特許権者(ライセンサー)自身も実施することができません。このような専用実施権に対して、非独占的な実施権である通常実施権は、同条件の実施権を複数の者に与えることが認められています(ただし、契約により、実施権者以外に実施許諾することを禁止して、独占的な通常実施権を設定することは可能です)。通常実施権の場合は設定にあたり登録は不要で、当事者間の合意(契約)により発生します。

(2) 当事者の義務

上述したように、実施許諾をする者を実施許諾者(ライセンサー)、実施許諾を受けた者を実施権者(ライセンシー)と呼びます。ライセンサーとライセンシーがそれぞれどのような義務を負うかは、契約によって定められます。

ライセンサーは、契約で定められた技術やノウハウ等(技術指導なども含まれている場合には、それも合わせて)を提供する義務を負います。特許権の保持や有効性についての保証義務が含まれることもあります。

ライセンシーは通常、実施許諾の対価として実施料(ロイヤルティ)の支払義務を負いますが、対価となるのは金銭だけとはかぎりません。お互いのもっている特許権等を相互に実施することを許諾するクロスライセンスや、現物出資などもあります。これに加えて、ノウハウや機密情報・資料等の提供の場合には、契約期間中および契約終了後一定期間の秘密保持義務が課されることがほとんどです。また、提供された技術を利用している間に改良技術を開発して、それに関する特許権等を取得した場合に、それを実施許諾者側に譲渡する義務(アサイン・バック)や実施許諾をする義務(グラント・バック)を負うこともあります。このほかに、実施許諾の対象である特許権等の有効性について争わないとする義務

（権利不争義務）が課せられることもあります。

4　国際技術移転契約の法的規律

国際技術移転に関する法的規律については、注意すべきポイントがいくつかあります。まず、技術移転契約も私法上の契約の一種ですが、あらゆる事柄について当事者間で自由に決めてよいというわけではありません。特許権等の権利は各国ごとに独立した権利ですから、技術を利用する国（移転受入国ないし技術輸入国）で権利として保護されていることが前提となると同時に、実施権の設定・効力発生の要件や内容などに関してはそれぞれの国の法の定めに従わなければなりません。他方において、国際技術移転契約も国際的な契約の一種ですから、当事者の債権債務関係を規律する準拠法についても考える必要があります。

また、知的財産の保護は各国の産業政策と密接に結びついていることや、販売数量や地域の限定などは市場における競争を制限する効果があることから、国境を越える技術移転には公法上の規制（**第1章第1節2⑺**を参照）が掛けられることがしばしばあるという点にも注意が必要です。

以下では、私法上の規律と公法上の規律のそれぞれについてもう少し詳しく説明します。

⑴　私法上の規律

国際技術移転契約のうち、契約の成立・有効性や債務不履行などの当事者の債権債務関係の部分は、契約準拠法によって規律されます。国際技術移転契約の準拠法も、他の契約と同様に、原則として当事者が選択した地の法が準拠法となります（当事者自治の原則〔法適用通則7条〕。詳しくは**第4章**を参照）。通常は契約の中で、紛争解決条項の一環として、国際裁判管轄や仲裁の合意（**第9章**と**第10章**を参照）などとともに契約準拠法を定めておきます。

他方において、国際物品売買契約で目的物の所有権の移転については物権準拠法によると考えられている（**第4章第4節**を参照）のと同様に、国際技術移転契約の物権的側面については、契約準拠法とは別の法を参照する必要があると考えられています。たとえば、特許権の実施許諾の場合に問題となる実施権の設定・効力発生に関する要件、第三者への対抗要件などについては、実施許諾の対象となっている特許権を付与した国の法によります。

⑵ 公法上の規律

国際技術移転契約は、公法上の規制を受けることが少なくありません。国際技術移転契約に対する公法上の規制には、大きく分けると①国際安全への配慮から特定技術（兵器に転用可能な技術など）の国外への輸出や、国内産業の保護のために海外からの技術輸入を制限・管理する為替管理法（いわゆる外為法）上の規制、②知的財産権の行使や実施許諾契約により競争を不当に制限する場合の独占禁止法（競争法）上の規制の２つがあります。このような公法上の規制は、技術受入国のものだけでなく、技術を提供する側の当事者がいる国（技術輸出国）のものも問題になりえます。国際技術移転契約の当事者は、こういった国内外の規制がないかを事前に慎重に調査し、規制がある場合にはそれに違反しないよう契約内容を調整するとともに、必要に応じて法律上定められた手続等を行わなければなりません。

トピック❽　国際標準（標準技術）

みなさんは、メーカーの異なる携帯電話どうしで通話ができるのはなぜか、不思議に思ったことはありませんか？　この世の中には多くの「規格」が存在しています。共通の規格やそれに関するルールを予め決めておき、それに従って物を作ったり使ったりすることで、私たちの生活は非常に便利に動いています。他社の携帯電話と通話ができるのも、情報通信技術に関する規格が決まっていて、それに従って各メーカーが製品を作っているからです。このような規格のことを標準（技術）といい、とりわけ国際的に策定された標準のことを国際標準といいます。国際標準には多くの技術がかかわり、それらの技術の多くは特許権で保護されていて、特に国際標準で定められた規格の実施に必ず必要な技術についての特許を標準必須特許と呼んでいます。もし権利者が標準必須特許のライセンス契約を拒絶したり、高額なライセンス料を要求したりしたらどうなるでしょうか。事実上その国際標準は使えなくなって、私たちの生活は多大な影響を被ることになってしまいます（通信に関する国際標準技術が使えなくなって、インターネットの通信ができなくなったとしたら、みなさんはとても困りますよね）。このようなことが起きないよう、国際団体などで標準必須特許のルール策定について活発に議論されているほか、各国の国内法でも、不当な取引制限に該当するとして競争法が適用される場合を示す等、調整が試みられています。

第4節　並行輸入

1　並行輸入とは

ブランド品の販売サイトなどで、「並行輸入品」というフレーズと共に、正規販売店よりも安い価格で商品が売られているのをみたことがある人は多いと思います。並行輸入品とはそもそも本物なんでしょうか？　本物だとしたら、何故安いのでしょうか？

並行輸入とは、ある国で独占販売権を与えられた者（こういった、特定の商品を特定の地域で独占的に販売する許諾を権利者から得ている販売店を、総代理店と呼びます）以外の者が、外国から真正商品を輸入することをいいます。真正商品とは、同一知的財産に関する複数の国の知的財産権を同じ者が有していることを前提に、権利者や権利者から許諾を得た者が外国で適法に流通させた製品のことで、その意味では（つまり、元をたどれば）製品自体は本物である、ということができます。外国で適法に市場に並んだ製品を第三者が購入し、正規ルート（総代理店の輸入ルート）と並行して存在する別のルートで製品を輸入しているということで、並行輸入と呼ばれています。

本物であるにもかかわらず、正規ルートで輸入された製品に比べて並行輸入品が低価格であることが多いのは、為替相場の変動や物価水準の差を利用して外国で安く仕入れている、広告・販売・アフターサービスなどにコストをかけない分価格を抑えられる、総代理店とは異なり定価で販売する契約上の義務を負っていない、などの理由によるものです。

図表8－2　並行輸入

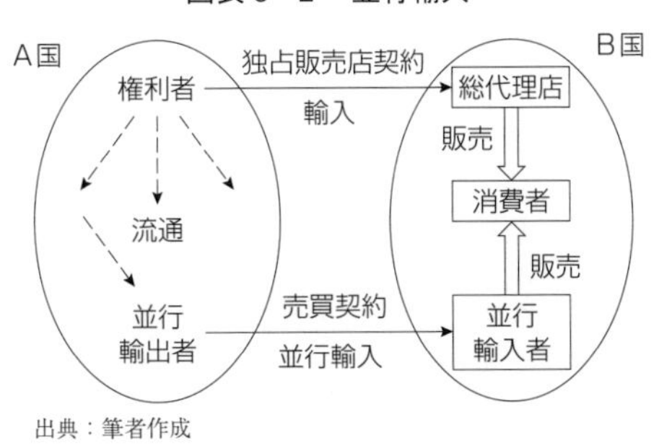

出典：筆者作成

国内の権利者や権利者から許諾を得た者以外の者がする輸入は、本来内国知的財産権の侵害となりますが、外国における正当な権利者が適法に販売した製品（真正商品）の並行輸入は別扱いとするべきか（つまり、例外的に権利侵害とはならないと解すべきか）について、古くから議論がありました。

正規の輸入ルートである総代理店や権利者からすれば、品質管理や価格・流通管理の手が及ばない並行輸入品は頭の痛い存在のため、真正商品の並行輸入も知的財産権の侵害であるとして阻止したい（輸入を差止めたい）というのが本音です。他方、消費者にとっては、正規品を安く手に入れたり、国内未発売品を手に入れたりするチャンスにつながりますし、輸入・販売業者にとってもビジネスチャンスになるということで、並行輸入を認める意義があるという見方もできるでしょう。

並行輸入に関する国際的な統一ルールは現在のところ存在しておらず、真正商品の並行輸入を認めるか否か（並行輸入が知的財産権侵害となると考えるか否か）は国によって異なっています。以下で説明するように、日本では、真正商品の並行輸入は原則として知的財産権侵害にはならないとされていますが、その理由や要件は知的財産権の種類によって異なっています。

コラム㉓　知的財産権侵害の準拠法

並行輸入の問題は、本文で説明したように国内法の解釈問題として処理されていますが、そもそも国際的な知的財産権の侵害については、いずれの国の法が準拠法となるべきなのでしょうか。法の適用に関する通則法（第4章第1節参照）の中には、知的財産権の侵害について特化して定めた規定はありません。前出（コラム㉑）の属地主義の原則によれば、特許権については通則法によるまでもなく登録国法が適用されるとなりそうですが、最高裁は別のところで（最判平14・9・26民集56巻7号1551頁）、属地主義の原則があるところで国際私法による準拠法決定が不要になるわけではないとも述べています。この最高裁判決は、特許権侵害に基づく損害賠償請求は不法行為（第1章第2節コラム❸参照）の問題として不法行為一般の規定によらしめた一方、差止請求は条文のない特許権の効力の問題と法性決定して、条理に基づき登録国法を準拠法としましたが、これは通則法が制定される以前の判断であったため、同様の法性決定が通則法の下でも妥当すると考えられるかについては議論があります。

2　商標製品の並行輸入

商標を付した商品の並行輸入に関しては、明文の規定はありませんが、最高裁判決が判断を示しています（フレッドペリー事件最高裁判決。最判平15・2・27民集57巻2号125頁）。最高裁は、商標が付されていることで他人の商品と自己の商品を識別することができたり（出所表示機能）、同一の商標を付された商品に同一の品質が保証されたりする（品質保証機能）といった商標の機能に着目し、それらが害されない場合には並行輸入は侵害とはならない、と判示しました。より詳しくは、①商標が外国における商標権者または商標権者から使用許諾を受けた者により適法に付されたものであること（権利者でない者が商標を付けた偽物はそもそもNG）、②その外国における商標権者と日本の商標権者とが同一人であるかまたは法律的もしくは経済的に同一人と同視しうるような関係があることにより、その商標が日本の登録商標と同一の出所を表示するものであること（輸出国の権利者と輸入国の権利者が異なる場合は、権利者が商標を付けた物であってもNG）、③その商品と日本の商標権者が登録商標を付した商品とが登録商標の保証する品質において実質的に差異がないと評価されること、の３つの要件がすべて満たされる場合のみ内国商標権の侵害とはならない、と述べています。

3　特許製品の並行輸入

特許権で保護された製品の並行輸入に関しても、最高裁判決（BBS事件最高裁判決。最判平９・７・１民集51巻６号2299頁）が判断を示しています。最高裁は、商標製品の並行輸入とは異なり、輸入を含めた商品の流通の自由は最大限尊重するべきである等の理由から、販売先・使用地域から日本を除外する合意を譲受人とした上で、その合意内容を製品上に明確に表示した場合を除いて、真正商品の並行輸入は認められる（内国特許権侵害とはならない）と判示しました。

第9章

紛争解決１：仲裁

身の回りで争いごとが起きたときに、どのように解決すればよいでしょうか。紛争解決の方法として、争いの相手と直接に話し合いをして和解を図る方法と、白黒をはっきりつけるために裁判に委ねる方法はきっと知っているでしょう。ところで、和解と裁判の中間で、つまり第三者の関与を受けながら、裁判を用いないで紛争を解決する方法は知っているでしょうか。

《設例》

日本の機械メーカーＡと中国の建設会社Ｂとの間に、工作機械の売買契約が交渉されていた。契約内容は大筋合意できたが、万が一の紛争をどのような方法で解決するかという紛争解決条項について、当初意見の対立があった。すなわち、両者とも自国での裁判を利用することを主張していたが、互いに相手国での裁判に対する漠然とした不信感や言語的なハードルなどを懸念していたため、折り合いがつかなかった。最終的には、双方は裁判に代わる紛争解決方法として、香港国際仲裁センターでの国際商事仲裁を選択する旨の条項を合意し、売買契約を締結した。

ここまでみてきたように、国際取引契約に関連して、さまざまな紛争が生じることがあります。契約当事者にとって、紛争の発生に備えて、予め解決方法を合意しておくことは、リスクマネジメントという意味において重要といえます。

肝心の紛争解決方法として、裁判という方法はもちろんありますが（第10章を参照）、設例にあったように、どうしても特定の国に属する紛争解決手続というイメージが強くて、国際取引の現場では気軽に選ばれない一面があります。そこで、当事者は仲裁のような裁判以外の紛争解決手続を利用することがよくみられます（第１章第１節２(6)を参照）。では、①そもそも仲裁とはどんなものか、②契約当事者が仲裁を合意した場合には、どのような効果があるかについて学びましょう。

この章で学ぶこと

- 裁判外紛争解決手続にはどのような種類のものがあるかを知ろう。
- 仲裁とはどんな手続か、裁判と比較した仲裁のメリットとデメリットはどんなものかを知ろう。
- 仲裁をまつわる法的問題と、それらに関する仲裁法の内容を理解して、仲裁のイメージを具体的に把握しよう。

第1節　裁判外紛争解決手続（ADR）の種類

英語では、第三者の関与を受けながら、裁判を用いないで紛争を解決する方法のことを ADR（Alternative Dispute Resolution）と呼びます。直訳すれば、代替的紛争解決になりますが、裁判に代わる紛争解決手続をさしますので、一般的に裁判外紛争解決手続と訳されます。

ADR は、おおむね、紛争解決に第三者が関与する形と程度によって、①あっせん（斡旋）、②調停と③仲裁に分けることができます。

これらのうち、あっせんとは、第三者は当事者の話し合いを取り持つことで解決を図る方法であり、紛争の具体的解決を必ずしも提示しません。これに対して、調停とは、第三者はより積極的に紛争の解決に関与し、具体的解決となる調停案を提案するものです。

あっせんも調停も最終的な解決は紛争当事者間の合意にかかっており、第三者からなんらかの解決案が提案されても、その提案には強制力がなく、いずれかの当事者も拒否することができます。そういう意味では、紛争解決手続として弱いものといえます。これに対して、仲裁では、第三者である仲裁人が当事者双方の言い分を聞いた上で、紛争の最終解決となる仲裁判断を提示しますが、その判断には強制力があるため、当事者は従わなければなりません。この点からすれば、あっせんや調停と違い、仲裁には裁判に近い一面があります。

コラム㉔　国際商事調停とシンガポール調停条約

本章で取り上げる仲裁以外に、近年、国際取引紛争の解決方法として調停（mediation）が脚光を浴びています。ここでいう調停は、裁判所で行う民事調停や家事調停ではなく、ADRとしての国際商事調停をさします。

従来、紛争当事者が調停人による関与の下で和解合意に達しても、その和解合意への執行力の付与は各国の国内法に委ねられ、当事者が任意に履行しない場合には、必ずしも強制執行が保証されないため、調停の利用と普及を阻んできました。そこで、和解合意に国際的な執行力を付与することを目的として、2018年12月に国連総会で「調停による国際的な和解合意に関する国際連合条約」（「シンガポール調停条約」とも呼ばれる）が採択されました。同条約によれば、一定の条件を満たした国際的な和解合意は、調停手続が行われた国を問わず、締約国で強制執行が認められます。この条約にすでに2020年９月12日に発効し、2023年７月20日現在、締約国11ヶ国のほか、署名国が56ヶ国となっています。日本は同条約を締結する予定であり、そのための法整備として、仲裁法を改正するとともに、同条約の国内実施法となる「調停による国際的な和解合意に関する国際連合条約の実施に関する法律」を制定しました（2023年４月28日公布）。

第２節　仲裁の基礎知識

１　仲裁とは

仲裁とは、当事者が仲裁合意に基づき、自分たちの紛争の解決を第三者である仲裁人の判断に委ね、その仲裁判断に従う裁判外紛争解決手続です。

仲裁にもさまざまな種類があります。たとえば、労働争議の調整として行われる中央労働委員会での仲裁、建設工事の請負契約に関する紛争の処理を行う建設工事紛争審査会での仲裁、スポーツ選手の競技結果、出場資格やドーピング審査の当否を判断する日本スポーツ仲裁機構でのスポーツ仲裁などがあります。

国際取引の分野では、裁判と並ぶ紛争解決手段として、特に国際商事仲裁が重要であり、よく利用されています。以下では国際商事仲裁を中心に説明していきます。

２　国際商事仲裁のメリットとデメリット

国際取引紛争を裁判、すなわち国際民事訴訟（詳しくは**第10章**参照）で解決するのに比べて、国際商事仲裁のメリットとデメリットをそれぞれみてみましょう。

⑴ 国際商事仲裁のメリット

① 非公開性

紛争が仲裁に付託されたこと、仲裁手続および仲裁判断は、当事者の同意がないかぎり、原則的に第三者には公開されません。これは一般に公開することを原則とする裁判（憲82条1項）と比較して、企業にとって大きなメリットです。つまり、営業秘密や技術情報（ノウハウ）にかかわる紛争では、その秘密情報が仲裁手続に関与する少数の者以外には公開されないため、秘密の保持が容易になります。また、企業は紛争の内容と結果がメディアに取り上げられることを免れ、世間の注目を受けずに静かに紛争の解決を図ることができます。

② 中立性

設例にもあったように、裁判は特定の国家に属する紛争解決制度であり、裁判官は基本的にその国の国籍を有する者のみが担当し、どの裁判官が担当するかも当事者の意思と無関係に決定されます。そのため、紛争当事者は、相手国の裁判所での紛争解決に対して、自分に不利な判断が下されるのではないかという不安を抱えることがあります。これに対して、仲裁では、判断を下す仲裁人は弁護士など民間の法律家などであり、かつ国籍に関係なく当事者らが選任することになっていますので、自分が中立的な人物として信頼する仲裁人に紛争の解決を委ねられる安心感と納得感が得られます。

③ 専門性

②で述べたように、裁判では担当裁判官は当事者の意思と関係なく決定されるため、自分たちの紛争が関係する専門分野の知識を有しない裁判官に、事件の解決が委ねられることがありえます。これに対して、仲裁では当事者が仲裁人を選任するため、紛争の具体的類型に応じて専門家を仲裁人として選ぶことによって、より迅速で適切な審理が期待できます。

④ 手続の柔軟性

国際民事訴訟を利用する場合、「手続は法廷地法による」という原則があるため、手続事項について、裁判所が所在する国の民事訴訟法が適用されます。また、裁判に使う言語は通常その国の公用語に限定され（たとえば、日本の裁判所法74条は「裁判所では、日本語を用いる。」と定めています）、代理人もその国の資格を有する弁護士しか依頼することができません。そのため、外国当事者にとって通訳の手配・書面の翻訳、異国での弁護士の依頼など余分な時間とコストがかかることがあります。これに対して、仲裁では原則として仲裁人の数や選任方法、手続言語、手続の期間と場所を含め、当事者が広く自由に取り決めることができ、裁判と比べて手続が格段に柔軟といえます。

⑤ 国際性

国際取引紛争の解決において、敗けた側が判決や仲裁判断を自発的に履行しない場合には、勝った側は、相手方の財産が所在する国に行って、その判決または仲裁判断の承認と執行を求める必要が生じます。仲裁判断の場合には、国連の主導で1958年にニューヨークで成立した「外国仲裁判断の承認及び執行に関する条約」(以下、ニューヨーク条約と略。2023年7月20日現在、日本を含め172の締約国がある)が存在するため、条約上明文で定められたいくつかの承認・執行拒否事由を除けば、締約国間で仲裁判断の承認と執行が条約上の義務として保証されています。これに対して、判決の場合には、このような世界的な条約は現状存在せず、判決の外国における承認と執行は当該外国の法律によることになるため、その内容次第では容易ではありません。

(2) 国際商事仲裁のデメリット

① 仲裁合意が不可欠

国際民事訴訟の場合、裁判所の管轄権は民事訴訟法などに定められており、原告側の提訴に対して、裁判所は法定の管轄原因に照らして事件を受理し審理することができます(**第10章第1節**を参照)。これに対して、国際商事仲裁は当事者のほうから私人である仲裁人に紛争の解決を委ねる私的紛争解決手段であり、紛争を仲裁に付託する当事者間の仲裁合意がないかぎり、当事者のいずれか一方の申立てのみによって仲裁が行われることはありません。つまり、仲裁手続を始める前提として仲裁合意が不可欠です。紛争が発生し、当事者間に対立の構図が生じてから事後的に仲裁合意を取り付けることは容易ではないため、実際に仲裁合意の多くは、当事者間の契約が締結される段階に事前に交わされるものです。

② 仲裁人の権限の限界

仲裁は当事者間の私的手続であり、仲裁人が私人であるため、裁判所と違って、強制力を伴う措置を直接的にとることはできません。そのため、当事者の資産を差し押さえるなどの暫定保全措置を採る場合には、裁判所の力を借りなければならないし、仲裁判断を履行しない当事者に対する強制執行も裁判所を通して行うこととなります。

③　仲裁は上訴不可能

仲裁は一般的に一審制をとり、上訴することはできません。裁判所に仲裁判断の取消を求める手続がありますが、かぎられた取消事由しか認められていません。一審制は、迅速に紛争を解決できるという意味では、メリットに数えることもできますが、当事者は１回限りの紛争解決手続ということを十分に心得て取り掛かることが求められます。

④　仲裁費用は比較的に高額

裁判官の給料は税金で賄われるのに比べて、仲裁人の報酬は当事者が負担するため、仲裁費用が裁判よりも高額になる傾向があります。仲裁費用は請求額に応じて決定されるため、一見して高額過ぎると言い切ることは難しいですが、たとえば、後述するロンドン国際仲裁裁判所における仲裁費用の中央値は約10万ドル、シンガポール国際仲裁センターの場合は約３万ドル、香港国際仲裁センターの場合は約6.5万米ドルです。もっとも、上訴のない仲裁では裁判よりも迅速な紛争解決が期待でき、その結果弁護士費用などが低く抑えられ、全体的な紛争解決費用が安価になる場合があります。

3　機関仲裁とアドホック仲裁

国際商事仲裁は、常設の仲裁機関を利用する機関仲裁と、仲裁機関を利用せず、当事者と仲裁人のみで行ういわばその場かぎりのアドホック仲裁があります。前者の場合、仲裁人の選任、報酬の支払、スケジュールの管理など仲裁手続の管理事務を機関に委ねることができる代わりに、そのための費用が発生します。後者の場合、余分な管理費用がかからない代わりに、当事者自身が手続を事細かに決めて、さまざまな事務を自ら行う必要が生じます。

4　国際商事仲裁に関連する法規範

国内法として、平成15（2003）年に、それまで100年以上改正がなかった「公示催告手続及ビ仲裁手続ニ関スル法律」に代わって、UNCITRALが1985年に採択した「国際商事仲裁モデル法」に沿った内容の近代的な「仲裁法」が制定されました。

また、仲裁判断の承認と執行について、上述したニューヨーク条約が重要です。

トピック❾　主要な仲裁機関

最も代表的な仲裁機関は、1923年に設立されたICC（第2章第2節のコラム❺を参照）の国際仲裁裁判所でしょう。本部はパリに所在しますが、世界各地を仲裁地として仲裁が行われ、近年では年間約800件の仲裁申立てを扱っており、国際商事仲裁では最大規模の事件数です。

また、伝統ある仲裁機関として、ロンドン国際仲裁裁判所（LCIA）とストックホルム商業会議所仲裁裁判所があげられます。前者は世界最古で、後者も100年以上の歴史を誇り、いずれも専門性と中立性で定評があります。

国際取引の中心地であるアメリカでは、アメリカ仲裁協会（AAA）があります。アメリカでの認知度はもちろん、ニューヨーク本部以外に、外国にも事務所を置いて国際商事仲裁業務を広げています。

アジアの主要な仲裁機関として、シンガポール国際仲裁センター（SIAC）と香港国際仲裁センター（HKIAC）があげられます。シンガポールと香港はいずれも国際ビジネスが発達する都市で、政策的に仲裁ビジネスを強化してきましたが、前者は多民族国家という強みを発揮して中華圏、ASEAN、インドなど幅広くアジア圏の仲裁事件を集めており、後者は中国ビジネスの玄関口として特に同国企業が関係する仲裁事件を集めています。

また、単純に取扱事件数をみれば世界最多は中国国際経済貿易仲裁委員会（CI-ETAC）であり、年間1000件以上を扱います。もっとも、そのほとんどは中国企業が関係するものであり、国際取引で中国での裁判による紛争解決を避けるための妥結策として選ばれる一面があります。

日本には日本商事仲裁協会（JCAA）がありますが、仲裁事件の取扱実績は多くありません。日本企業が国際商事仲裁を利用すること自体は珍しいことではありませんが、上述したように、仲裁法の近代化はようやく2003年に実現したものであり、上記の諸外国と比べて日本は伝統的に選ばれる仲裁地ではありません。

第3節　仲裁合意と仲裁地

1　仲裁合意とは

上述したように、私的な紛争解決手続である仲裁が行われるためには、紛争を仲裁に付託する旨の仲裁合意が必要不可欠です。つまり、仲裁合意は仲裁が行われる根拠となるものですが、この合意には、当事者間の紛争を仲裁人による解決に委ねるという合意と、その仲裁判断に従うという合意の２つの意味が含まれます（仲裁２条１項）。

したがって、有効な仲裁合意は、以下の効力があります。

①当事者に対して、訴訟提起という紛争解決の選択肢を排除します。

②仲裁人から組成される仲裁廷に対して、仲裁管轄権を付与し、仲裁が行われる事項の範囲を画します。

③当事者の一方が仲裁合意に反して裁判所に訴えを提起した場合に、相手方は合意の存在を主張し裁判所に訴えの却下を求めることができ（妨訴抗弁（ぼうそ）といいます）、裁判所はその申立てにより訴えを却下します（仲裁14条１項）。つまり、裁判所に対して管轄権を排除する効果があります。

図表９－１　仲裁合意と妨訴抗弁

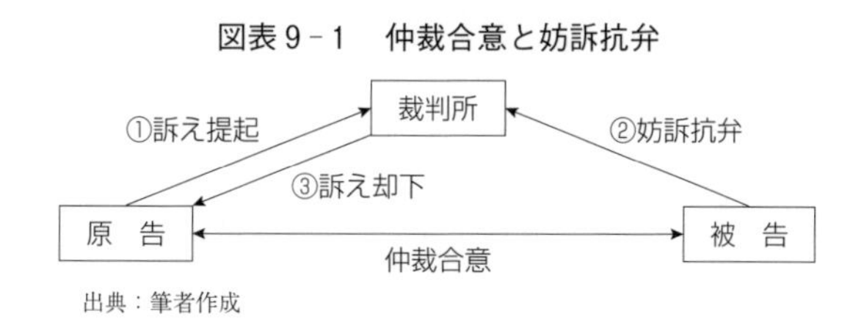

出典：筆者作成

このように、仲裁合意が有効に成立しているかどうかは、きわめて重要です。

2　仲裁合意の例と仲裁地の意義

仲裁合意には、取引の内容となる主（しゅ）契約（たとえば、売買契約や特許権のライセンス契約）の一部として存在する仲裁条項と、単独の仲裁付託契約があります。前者について、日本商事仲裁協会が推奨する例文は次のとおりです。

「この契約から又はこの契約に関連して生ずることがあるすべての紛争、論争又は意見の相違は、一般社団法人日本商事仲裁協会の商事仲裁規則に従って仲裁により最終的に解決されるものとする。仲裁地は東京（日本）とする。」

この文面における仲裁地の選択は非常に重要ですが、それは実際に審理が行われる場所の選択を意味しません。当事者間に別段の合意がないかぎり、仲裁廷は、仲裁地の所在にかかわらず、適当と認める場所において、陳述の聴取、証拠の見分、評議などを行うことができるからです（仲裁28条３項）。

むしろ、仲裁地は私的手続としての仲裁を、特定の国の仲裁法と結びつける法的概念という意味合いをもちます。たとえば、仲裁法３条は、一部の例外を除き仲裁地が日本国内にある場合について同法を適用すると定めています。つまり、当事者は仲裁合意において仲裁地を選択することによって、一定の事項につき特定国の仲裁法の適用を受けることを選択しています。

3　仲裁合意の有効性の判断

では、仲裁合意が有効に成立しているかどうかは、どのように判断されるのでしょうか。

(1)　仲裁可能性／仲裁適格

仲裁合意が有効とされるためには、まず、仲裁に付託される紛争がその性質上、仲裁の対象とすることができるという必要があります（仲裁可能性または仲裁適格、arbitrability といいます）。仲裁可能性は、主として国家機関による独占的な紛争処理が必要とされる公益性の強い領域に存在する問題です。

仲裁法13条１項によれば、「当事者が和解をすることができる民事上の紛争（離婚または離縁の紛争を除く。）」にかぎって仲裁可能性が認められます。もっとも、「和解をすることができる民事上の紛争」の具体的な範囲は必ずしも明確ではなく、解釈上争いのあるところです。国際取引紛争との関係では、特許権の有効性そのもの（簡単には、第８章第２節３を参照）にかかわる紛争については、仲裁可能性を否定する見解が優勢である反面競争法・証券取引法の違反に対する民事上の請求については、仲裁可能性を肯定する見解が優勢とされています。

(2)　仲裁合意の方式要件

仲裁法13条２項によれば、仲裁合意は書面によってしなければなりません。電子メールなどの電磁的記録に記録された仲裁合意は、書面によってされたものと扱われます（同条４項）。仲裁法13条の書面性要件は、仲裁地が日本国内にある仲裁合意に対して適用されますが（同３条１項）、書面を要求することは国際商事仲裁では一般的であり、仲裁地が外国にある仲裁合意または仲裁地未定の仲裁合意についても書面でなされることが必要でしょう。

⑶　仲裁合意の分離独立性

仲裁条項が主契約の一部として合意されている場合であっても、主契約が不履行により解除され、または瑕疵により無効とされ、もしくは取り消されたときに、仲裁条項は当然にはその効力を妨げられません（仲裁13条6項)。たとえば、買主が代金を不払いのため、売主が売買契約を解除したケースにおいて、契約に含まれる仲裁条項の効力はそれだけでは影響を受けません。仲裁条項は一般に主契約から独立した合意とみなされ、その成立と効力は独自に判断され、主契約とリンクしないからです（仲裁合意の分離独立性という)。また実際にも、こういうときこそ仲裁条項に基づいて紛争を解決する必要があり、仲裁条項が主契約と運命を共にしてしまうと、せっかく仲裁条項を合意した意義が大きく損なわれます。よって、上記ケースの場合、売買契約の解除をめぐる紛争は、仲裁条項で定めた仲裁手続によって解決されます。

⑷　仲裁合意の準拠法

①　当事者自治の原則

仲裁合意の成立と効力は主契約とは別に判断されますが、その成立と効力が裁判所の審査対象になる局面は、次の３つです。①妨訴抗弁の判断の局面、②仲裁判断の取消しの局面と③仲裁判断の承認と執行の局面です。いずれの局面においても、仲裁合意の準拠法をまず決定し、その準拠法に基づいて判断されることになります。

国際売買契約など他の契約と同様に、仲裁合意の準拠法決定についても、当事者自治（**第４章第２節**参照）が認められます。仲裁法が制定される以前の判例ですが、最高裁は上記①の局面において、「仲裁契約の成立及び効力については、法例７条１項［法適用通則７条］により、第１次的には当事者の意思に従ってその準拠法が定められる……明示の合意がされていない場合であっても、仲裁地に関する合意の有無やその内容、主たる契約の内容その他諸般の事情に照らし」黙示の意思を探求すべきと判示しました（最判平９・９・４民集51巻８号3657頁（リングリング・サーカス事件))。

また、②と③の局面における仲裁合意の準拠法について、仲裁法44条１項２号と45条２項２号は第１に当事者自治により準拠法を決定し、当事者による準拠法の指定がないときに、仲裁地法によるという段階的連結を明文で規定しています（仲裁判断の取消しに関する44条の１項２号括弧書きは日本法によると定めていますが、後述するように日本の裁判所は仲裁地を日本とする仲裁判断の取消しについて管轄権を有するため、ここでいう日本法はすなわち仲裁地法にあたります）。仲裁法が制定された現在、判断基準を一貫させ、異なる局面で矛盾する判断を避けるという観点から、①の局面においても通則法ではなく仲裁法の規定を類推適用すべきとする見解が有力ですが、ルールの中身に関して、当事者自治を認める点と、当事者による明示の合意にかぎらず、黙示の意思を探求すべき点は、学説上ほぼ一致するところといえます。

② 黙示の意思——主契約の準拠法か仲裁地法か

もっとも、契約当事者が主契約の準拠法とは別に、仲裁合意の準拠法を個別に明示的に合意することは稀です。たとえば、売買契約の当事者が、契約の準拠法をイングランド法とする準拠法条項を定め、紛争解決を東京における日本商事仲裁協会の仲裁に委ねる仲裁条項を定めた上で、さらに仲裁条項の準拠法を別途定めるような契約例はあまりみられません。そこで、実際上問題となるのは、仲裁合意の準拠法に関する当事者の黙示の意思を探求する際に、どのような要素を重視すべきか、とりわけ上記契約例のように、当事者が準拠法条項で合意した主契約の準拠法の所属国（イギリス）と、仲裁条項で指定した仲裁地の所属国（日本）が異なる場合に、どちらを優先すべきか、という点でしょう。

この問題について、仲裁条項を主契約の準拠法条項から除外しているなどの例外的な事情がない限り、主契約の準拠法が仲裁合意にも及ぶという見解が有力に主張されています。しかし、一般に仲裁地法よりも主契約の準拠法を重要視することが、果たして当事者の黙示の意思に合致するか、疑問があります。なぜなら、当事者が主契約の準拠法を交渉し合意する際に、主として念頭にあるのは特定国の民法などの実体法であり、その国の仲裁法まで想定しているとは考えにくいからです。むしろ、仲裁地を決定する際にはじめて、仲裁合意の成立と効力が委ねられるべき法秩序を意識するのではないでしょうか。

いずれにしても、この問題は日本にとどまらず、仲裁地としての主要国の間でも立場が分かれる論点です。仲裁合意の当事者は法廷地いかんによって、自らが意図しない法律が仲裁合意の準拠法と判断されるリスクを理解した上で、仲裁合意自体の準拠法を明示的に合意しておくことを検討すべきでしょう。実際、香港国際仲裁センターはモデル仲裁条項において、当事者が仲裁条項自体の準拠法を明示的に定めることを提唱しています。

第4節　仲裁手続

1　仲裁の流れ

仲裁手続は、当事者が仲裁合意に基づき仲裁を申し立てることによって開始します。仲裁手続が開始すると、仲裁人が選任され、仲裁廷が組成されます。その後、仲裁廷は審理手続に進み、審理の結果、仲裁判断を言い渡します。これら一連の手続は、仲裁手続の準拠法の規律を受けます。日本が仲裁地である場合、仲裁手続の準拠法は日本の仲裁法となります（仲裁３条）。

また、仲裁手続の準拠法の強行規定に反しない限り、当事者は細部にわたる手続のルールについて、合意によって自由に決定することができます（仲裁26条１項）。機関仲裁の場合、その仲裁機関独自の仲裁規則を選択することが一般的です。アドホック仲裁の場合、当事者はより自由に手続を決めることができますが、合意の不備による手続の行き詰まりを避けるため、アドホック仲裁を想定して作成されたUNCITRAL仲裁規則を利用することが多いとされます。

2　仲裁人の数と選任

仲裁人の数は通常１人か３人であり、当事者が決定するところによります。仲裁人を１人とするほうが、より迅速に仲裁を進めることができ、かつ仲裁費用の大半を占める仲裁人報酬も低額に抑えることができます。他方、仲裁が上訴不可能であることを考えますと、特に複雑で専門性の高い事案は３人の仲裁人とす

図表９－２　仲裁の流れ

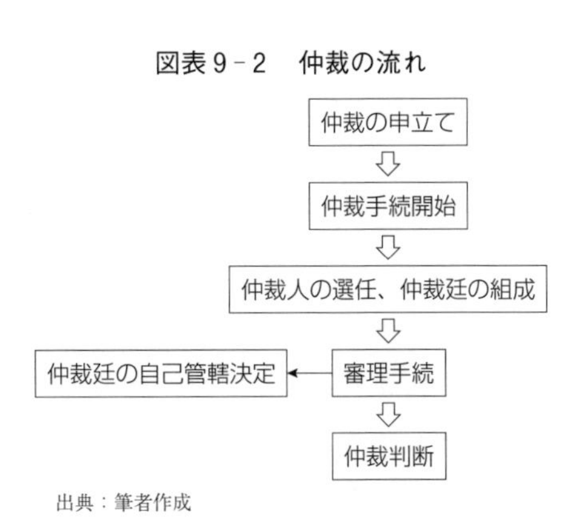

出典：筆者作成

るほうが、より妥当で合理的な仲裁判断を得ることが期待できます。また、仲裁人が３人の場合、当事者は少なくとも１人の仲裁人を選任することができるため、仲裁廷の構成メンバーに自らが信頼できる人物が含まれることを担保できます。

仲裁人の選任方法も当事者の合意によります。通常、仲裁人が３人の場合、まず双方当事者によりそれぞれ１人の仲裁人が選任されます。３人目の仲裁人の選任について、①仲裁機関が選任する方法、②当事者により選任された２人の仲裁人が共同して選任する方法、③当事者の合意により直接に選任する方法があります。仲裁人が１人の場合は、上記①か③の方法により選任されます。また、機関仲裁を利用する場合、仲裁機関が仲裁人候補者のリストを提示し、当事者がその中から指名することがあります。

なお、仲裁人に、公正性や独立性が疑われるなど一定の事由がある場合に、当事者はその忌避（きひ）を求めることができます（仲裁18条）。

3　仲裁廷の自己管轄決定権

仲裁人が選任されると、仲裁廷が組成され、審理手続に入ります。ところが、当事者の一方が仲裁手続において、仲裁合意の不存在または無効などを主張して、仲裁廷に仲裁権限がないことを争うことがあります。この場合に、仲裁廷は仲裁合意が有効に成立しているか、自らに仲裁権限があるかを判断することができるかが問題となります。

仲裁合意がなければ本来存在しえない仲裁廷が、仲裁合意の成立と効力を判断するのは論理矛盾であるようにも考えられます。しかし、裁判所にのみ仲裁合意の成立と効力が判断できることにしてしまうと、当事者が紛争解決の引き延ばし作戦として仲裁合意の成立と効力を争う戦法をとることが容易に想像できます。そこで、仲裁の迅速な進行を可能にして仲裁の利用を促進するために、国際商事仲裁モデル法および各国法は一般に、仲裁廷に自己の仲裁権限を決定する権限（自己管轄決定権といいます）を与え、仲裁合意の存否と効力について判断することを認めており、仲裁法も同様です（仲裁23条）。

もっとも、仲裁廷が自身の仲裁権限について下した判断は最終的なものではなく、仲裁廷の仲裁権限はさまざまな局面で司法審査を受けることになります（仲裁23条５項のほか、14条１項１号・44条１項２号・45条２項２号）。

第５節　仲裁判断

1　仲裁判断の準拠法

日本を仲裁地とする仲裁では、仲裁廷は付託された紛争について、当事者が準拠法として指定した法によって仲裁判断を下すべきと規定されています（仲裁３条・36条１項）。つまり、仲裁判断の準拠法の決定には当事者自治が認められています。また、契約当事者が契約の準拠法を合意していた場合に、その法はそのまま仲裁判断の準拠法にもなるわけです。

当事者による準拠法の指定がない場合には、仲裁廷は最密接関係国の法令（国際私法を除く）を適用することになります（仲裁36条２項）。ところで、１項と２項では「法」と「国の法令」という用語を意識的に使い分けています。そのため、２項により適用される最密接関係国の法令は、明らかに国家法と解されますが、１項の当事者自治により適用される「法」は、「国の法令」よりも広い概念として捉えられ、国家法にかぎらず、未発効の条約、モデル法（たとえば「ユニドロワ国際商事契約原則」）、商人法（lex mercatoria、レクス・メルカトリア）などの非国家法も含まれると解されます。

さらに、当事者双方による明示の求めがあるときは、仲裁廷は衡平と善の基準によって紛争を判断することができます（同条３項）。ここでいう「衡平と善」が意味するところは、要するに仲裁人は具体的な法規範を厳格に適用する必要はなく、抽象的な法の一般原則と正義の観念に基づき、柔軟で具体的妥当性を有する仲裁判断をすることができるということです。

コラム㉕　「ユニドロワ国際商事契約原則」とは

「ユニドロワ国際商事契約原則」は、政府間組織である私法統一国際協会（UNIDROIT、ユニドロワ）の下、世界の主要な法体系の契約法・国際取引法分野の権威ある専門家が集まり、国際契約法の一般原則とモデルとして、1994年に作成したもので、2004年、2010年、2016年にそれぞれ改訂が行われました。

同原則は、正規の条約ではなく、拘束力のある法規範ではありません。しかし、契約法全般について体系的な規定をもち、国際取引に従事する企業に認知されつつあるため、現在では、当事者による明示の指定がある場合に、仲裁で適用されることは少なくありません。

2　仲裁判断の取消し

仲裁は一審制であり、仲裁判断がいったん言い渡されると、計算違いや誤記の訂正等ごく例外的な場合を除き、内容が変更されることはありません。しかし、仲裁地が日本にある仲裁に限って、仲裁判断に対して唯一の不服申立手段として、当事者は日本の裁判所に仲裁判断の取消しを申し立てることが許されます（仲裁３条・44条）。このような仲裁判断を取り消す権限は、通常、仲裁地裁判所の専属管轄に属すると解されています。

仲裁法44条１項に定められる取消事由は、後述する仲裁法45条２項の承認拒絶事由に内容的に包摂されるため、次節２に説明を譲ることにします。

第６節　仲裁判断の承認・執行

1　承認執行のルール

上述したように、仲裁合意は仲裁人が下す仲裁判断に従うという合意も含むため、実務では不利な仲裁判断を命じられた当事者が、自発的にその判断を履行することが多いといわれます。もっとも、仲裁廷自身に強制力がないため、当事者が仲裁判断に従わない場合に、裁判所の力を借りる必要が出てきます。すなわち、仲裁判断の履行を求める当事者は、履行すべき当事者が財産を有する国の裁判所に行って、仲裁判断の承認と強制執行を求めることになります。

ニューヨーク条約は、外国仲裁判断の承認と執行を対象とした多国間条約であり、その締約国数の多さからして、大成功を収めたものといえます（本章第２節参照）。日本はニューヨーク条約を締結した際に、条約１条３項に基づく相互主義の留保を宣言したため、同条約上の承認義務を負うのは、ほかの締約国内でなされた仲裁判断、すなわちほかの締約国を仲裁地とする仲裁判断にかぎられます。

他方、仲裁法45条と46条も仲裁判断の承認と執行に関する規定であり、仲裁地が日本国内か国外かを問わず適用されます。そこで、あるニューヨーク条約締約国でなされた仲裁判断が日本で承認を求められた場合に、その根拠は同条約なのか、それとも仲裁法なのかという問題があります。もっとも、仲裁法45条にあげられる承認拒絶事由は、ニューヨーク条約の承認要件（条約5条）をそのまま取り込んだものであり、仲裁法とニューヨーク条約の適用関係をどのように理解するにせよ、結論が影響されることはありません。

2　仲裁判断の日本における承認執行

仲裁法45条1項によれば、仲裁判断は確定判決と同一の効力が認められ、2項に定められている以下の例外的な事由が存在する場合にのみ、裁判所は仲裁判断の承認を拒絶することができます。

①仲裁合意が、当事者の行為能力の制限により、その効力を有しないこと。

当事者の行為能力は、国際私法により指定される準拠法（**第4章第1節2**を参照）に基づいて判断されます。

②仲裁合意の準拠法によれば、当該合意が当事者の行為能力の制限以外の事由により効力を有しないこと。

③当事者が、仲裁人の選任手続または仲裁手続において、仲裁地法により必要とされる通知を受けなかったこと。

④当事者が、仲裁手続において防御することが不可能であったこと。

⑤仲裁判断が、仲裁合意または仲裁手続における申立ての範囲を超える事項に関する判断を含むものであること。

この場合に、仲裁判断の内容が分離可能であれば、合意または申立ての範囲を超えない部分の承認は拒絶されません。

⑥仲裁廷の構成または仲裁手続が、仲裁地法または当事者間の合意に違反するものであったこと。

⑦仲裁地法によれば仲裁判断が確定していないこと、または仲裁判断が仲裁地国の裁判所により取り消され、もしくは効力を停止されたこと。

⑧仲裁手続における申立てが、日本法によれば、仲裁可能性（仲裁適格）を有しない紛争に関するものであること。

⑨仲裁判断の内容が、日本の公序良俗に反すること。

たとえば、懲罰的損害賠償（**第10章第2節コラム㉚**を参照）を命じる仲裁判断が公序に反するとされる可能性があります。

これらの事由のうち、①〜⑦は当事者が証明すべき事由で、⑧と⑨は裁判所が職権で調査すべき事由です。また、⑦を除いた承認拒絶事由は、仲裁判断の取消事由と実質的に同じものです。

承認拒絶事由のいずれかがあると認める場合に、裁判所は仲裁判断の執行を求める申立てを却下することができます（46条8号）。

コラム㉖　学生が学べる模擬仲裁

学生が国際商事仲裁の最前線を体感し学ぶ貴重な場として、国際模擬商事仲裁大会（Vis Moot）があります。これは国際取引法の大家である Willem C. Vis 教授を記念して1993年に創設されたものであり、全世界の法学部・ロースクールの学生を対象に、毎年ウィーンと香港で開かれています。大会では、世界中から数百の大学チームが、架空の国際取引紛争を題材に、実務の第一線で活躍中の著名な仲裁人の前で弁論を戦わせます。弁論はもちろん、文献資料と事前に提出する準備書面もすべて英語です。また、国内では、国際商取引学会が同大会のプレ大会を毎年主催しています。

このほか、2002年から毎年１回、２日間にわたって行われる「大学対抗交渉コンペティション」があります。コンペの１日目は模擬仲裁であり、国内外の数十ヶ所の大学チームが弁護人団の役で、仲裁人役の審査員を前に、国際ビジネスを題材とした数十頁の問題と UNCITRAL 仲裁規則に基づき、説得力ある弁論を戦わせる大学対抗戦です。

みなさんも大会に参加して、仲裁の世界をのぞいてみませんか。

第10章

紛争解決２：裁判

国際取引に関連して紛争が生じた場合、当事者間の協議や調停によっても解決に至らず、仲裁の合意（第９章参照）もないときには、最終的に、いずれかの国の裁判所での裁判を通じて紛争を解決するという選択肢があります。

ところで、みなさんは、円谷プロダクション製作の特撮のヒーロー「ウルトラマン」をご存知でしょう？

《設例》

この有名な「ウルトラマン」について、日本国外での「ウルトラマン」に関する利用権の帰属をめぐってタイ人実業家等と円谷プロダクションとの間で紛争が生じ、日本、タイ、中国、アメリカにおいて次々と訴訟が提起される事態となって、新聞などで盛んに報道された。この事案を例にとって、考えてみよう。

上記の事案のように、国際的な要素を含む民事的紛争について訴訟が提起された場合、まずは、訴訟が提起された国の裁判所が当該訴えについて裁判を行う権限（国際裁判管轄権）を有するかどうかが法的に問題となります。つまり、訴訟が提起された国の裁判所の国際裁判管轄が認められてはじめて、その次の段階として、当該国の裁判所が紛争の中身、すなわち原告の主張の当否（たとえば、上記のような事案では、「ウルトラマン」の著作権（第８章参照）の日本国外における利用権が自らに帰属するとの原告の主張が正当かどうか）について審理を行って判決（本案判決）を下すことが可能となります。このように、裁判を通じて国際取引紛争を解決するためには、まず、第一関門として、訴訟が提起された国の裁判所の国際裁判管轄が認められることが必要となります。

さらに、仮に国際裁判管轄が認められて審理が行われ、判決が下されて被告に金銭の支払等が命じられた場合であっても、判決を下した国（判決国）に被告の財産が十分にないために、原告が判決国での判決の執行によって債権の満足を得られないことがあります。その場合には、債権者は、さらに判決国以外の国において、当該判決の承認・執行を求めることが可能です。ただし、判決の効力は判決国では当然に認められますが、判決国以外の国では、その効力は必ずしも認められず、基本的にはそれぞれの国のルールに基づき、外国判決にあたる当該判決が承認・執行されるかどうかが決定されることになります。このように、外国判決の承認・執行も、国際取引紛争の最終的な解決を考える上で非常に重要な論点となります。

この章で学ぶこと

- わが国において国際民事訴訟が提起された場合に、わが国で本案審理を行った上で判決を下せるか否かを左右する「国際裁判管轄（権）」とはどのような問題か、さらに、わが国の裁判所の国際裁判管轄（権）の有無はどのようなルールによって決定されるのかを知ろう。
- 外国において国際民事訴訟が提起されて判決が下された場合に、わが国における当該外国判決の承認・執行の可否はどのようなルールによって決定されるのかを知ろう。

第1節　国際裁判管轄

1　国際裁判管轄の意義

(1)　国際裁判管轄とは

国際取引紛争をめぐって訴訟が提起される場合、訴訟当事者が外国に本店のある外国企業であったり、紛争の元となっている契約が外国で締結されていたり、契約の目的物が外国に所在していたりといったように、当該訴訟には複数の国がさまざまな形で関係してくることになります。このような国際的要素を含んだ民

図表10－1　日本における国際民事訴訟手続の流れ（概略図）

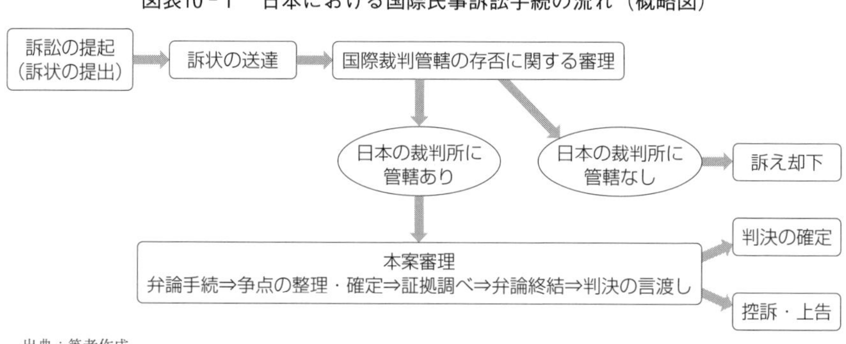

出典：筆者作成

事訴訟（国際民事訴訟）がいずれかの国で提起された場合には、まず、当該訴訟がそのままその国の裁判所で審理され判決が下されてよいかどうかが問題となります。つまり、ここでは、訴訟が提起された国の裁判所が当該訴えについて裁判を行う権限（国際裁判管轄権）を有するかどうかが、まず争いの種となりうるのです。

(2) 国際裁判管轄の重要性

訴訟が提起された国の裁判所の国際裁判管轄が認められるか否かは、国際取引紛争の解決にとってきわめて重要な問題です。なぜなら、裁判は、当該裁判が行われる国（法廷地国）の手続法に則って進められますし、また、裁判において当事者の権利義務についての判断基準となる法（準拠法）は法廷地国の国際私法に従って（第４章参照）決定されることになるからです。これらの手続法、準拠法として適用される各国の民商法、および国際私法の内容は基本的に国によってそれぞれ異なりますので、どの国が法廷地となるか（どの国で裁判が行われるか）によって、当該裁判に適用されるさまざまな法の内容が異なってくることになるのです。このことは、結局、どの国が法廷地となるかによって、訴訟当事者の裁判での最終的な勝敗が左右されることを意味します。このほか、どこの国で裁判が行われるかによって、裁判にかかる訴訟当事者の労力や費用面での負担が大きく異なってくるという点も非常に重要です。自国で裁判を行うことができないのであれば、自らの権利行使をあきらめざるをえないというケースも少なからずありえます。

また、裁判を司る国家機関たる裁判所の立場としても、自国で当該裁判を行うことが適切であるのかどうかを、証拠調べの便宜、審理の適正・迅速という観点から検討する必要があります。

コラム㉗ 国際取引紛争と各国の民事訴訟制度――アメリカの民事訴訟制度の特徴

国際取引に関する紛争は必然的に複数の国が関係しているために、日本以外の国で訴訟が提起されることも少なくありません。そのため、企業の法務担当者等は、主要な取引先の国の民事訴訟制度についても、その特徴などを知り、対策を予め考えておく必要があります。

たとえば、日本企業の取引の相手方の多くが本拠を置くアメリカの民事訴訟は、わが国の民事訴訟と比べて裁判官の関与が限定されており、手続の進行において当事者が主体的役割を担っています。訴状の送達は原告から被告への郵送等により行われますし、訴訟に関連する広範な文書・電子データなどの情報を当事者が互いに開示しあうことが求められるディスカヴァリ（Discovery：開示手続）も基本的に当事者間で進められます。ただし、ディスカヴァリで開示義務違反があれば、裁判所によって、裁判所侮辱として罰金・拘禁といった厳しい制裁が科されるおそれがあります。また、ディスカヴァリの費用は当事者が負担しますので、多くの準備作業が必要となるディスカヴァリは、一般に時間制報酬方式がとられているアメリカの弁護士費用がかさむ一因となっています。

このほかにも、アメリカの民事訴訟制度では、陪審制が採用され、懲罰的損害賠償（第２節コラム㉚参照）が認められているなど、わが国の民事訴訟制度とは大きく異なるさまざまな特徴があります。日本企業にとって、アメリカは魅力溢れる市場である反面、そこで提起される民事訴訟は大きな脅威であり、その特徴を十分に踏まえた慎重な対応が求められます。

(3) 直接管轄と間接管轄

国際裁判管轄については、自国において提起された裁判につき自国の裁判所が国際裁判管轄権を有するか否か（直接管轄）が問われる場合と、外国判決の承認に際して当該裁判を行った国の裁判所が当該裁判について国際裁判管轄権を有するか否か（間接管轄。第２節２(3)を参照）が問われる場合とがあります。単に「国際裁判管轄」という場合には、通常は直接管轄を意味します。

(4) 国際裁判管轄と国内土地管轄

国際裁判管轄とは、自国において提起された裁判について自国の裁判所が裁判をなす管轄権を有するか否かを問題とするものであるのに対して、国内土地管轄とは、自国の裁判所が当該裁判について国際裁判管轄権を有することを前提に、自国内のいずれの地の裁判所が当該裁判について裁判をなす管轄権を有するかを問題とするものです。国内土地管轄に関しては、管轄違いの場合に管轄裁判所に訴訟を移送する制度（民訴16条）がありますが、日本の裁判所が国際裁判管轄権を有しない場合には、国内土地管轄における移送に相当する制度は存在せず、民事訴訟法における訴訟要件（裁判所が原告の請求の当否について判決を下すために必要とされる前提条件）のうちのひとつにあたる「日本の裁判所が国際裁判管轄権を有すること」との要件を欠くとして、訴えは却下されることになります。

(5) 国際裁判管轄と裁判権

国家機関に相当する裁判所が裁判を行う権能を裁判権といい、これは国家の司法権のひとつの作用にあたります。国際法上、民事裁判に関しては、各国家は原則としてその主権の及ぶ範囲において裁判権を行使しうると解されており、対人主権、領土主権などといった観点からすると、自国との何らかの関連性が認められるかぎりにおいて、国家には広範な裁判権が認められることになります。けれども、実際には、それぞれの国家は国際法上認められる最大限まで自国の裁判権を行使するのではなく、国際的私法生活関係の安定を図るとともに公平で適正な裁判を保障する目的で、自国の裁判権の行使を適切な範囲内に制約して、自国の国際裁判管轄の存否を決定しています。

コラム㉘ 裁判権免除

国家主権の平等・独立性の尊重といった観点から、国際法上、国家およびその政府機関等に対しては、他国の民事裁判権からの免除（裁判権免除）が原則として認められています。従来は、裁判権免除の範囲を広範に認める絶対免除主義が優勢でしたが、近年は、主権的・公法的行為に限定して免除を認める制限免除主義が、国際条約および各国の立法上主流となっています。わが国でも、大決昭和３年12月28日（民集７巻12号1128頁）において絶対免除主義の採用が示されて以降、絶対免除主義が維持されてきましたが、その後、最判平成18年７月21日（民集60巻６号2542頁）において制限免除主義へと判例変更がなされました。さらに、わが国は、2007年に「国及びその財産の裁判権からの免除に関する国際連合条約」（制限免除主義を採用。未発効）に署名した上で、2009年には同条約の内容に依拠した「外国等に対する我が国の民事裁判権に関する法律」を制定して、外国等が日本の民事裁判権に服する範囲を制限的免除主義に基づいて明確化しました。同法律では、外国等は原則として日本の民事裁判権から免除されると定めた上で（同４条）、外国等が日本の民事裁判権から免除されない場合（外国等が日本の裁判権に服することに明示的に同意した場合（同５条）および同意が擬制される場合（同６条・７条）、外国等と当該外国等以外の国の国民・法人等との間の商業的取引に関する裁判手続の場合（同８条）など）を、広く列挙しています。

2 国際裁判管轄の決定基準

(1) 国際裁判管轄の法源

日本が加盟する条約に国際裁判管轄に関する規定がある場合（たとえば、「国際航空運送についてのある規則の統一に関する条約」(モントリオール条約。**第5章第4節**のコラム⑮を参照) 33条1項ほか) を除き、日本の裁判所は、自国の国内法に基づいて国際裁判管轄の存否を判断します。国際取引紛争に関しては、財産関係事件一般についての国際裁判管轄を定める民事訴訟法3条の2以下の規定が重要です。

(2) 財産関係事件一般についての国際裁判管轄の決定の仕組み

民事訴訟法3条の2以下の規定によると、まず、①被告住所地、営業所・事務所所在地などといった、管轄が認められる根拠 (管轄原因) のうちの少なくともひとつが日本にある場合には、当該訴えにつき日本の裁判所は原則として国際裁判管轄権を有することになります。ただし、その場合であっても、②日本の裁判所が当該事件について裁判を行うことが当事者間の衡平を害し、または適正・迅速な裁判の実現を妨げるような特別の事情があるときには、日本の裁判所は当該訴えの全部または一部を却下することができるとされています (民訴3条の9)。(なお、例外的に特別な事情の有無が考慮されない場合があります (同3条の9括弧書および3条の10))。このような国際裁判管轄の決定の仕組みは、従前の実務に定着していた「特段の事情論」の判断手法を基本的に受け継いでいます (⇒コラム㉙:特段の事情論)。

コラム㉙ 特段の事情論

わが国では、2011年の民事訴訟法改正により民事訴訟法3条の2以下の規定が新設されるまで、財産関係事件一般についての国際裁判管轄に関する明文規定は長らく存在せず、マレーシア航空事件最高裁判決 (最判昭56・10・16民集35巻7号1224頁) により、国際裁判管轄の決定に際しては、当事者間の公平、裁判の適正・迅速を期するという理念により条理に従って決定するのが相当とされた上で、民事訴訟法の国内土地管轄規定で定められる裁判籍のいずれかがわが国内にあるときは国際裁判管轄を肯定するという判断枠組みが提示されていました。それを受けて、下級審はマレーシア航空事件最高裁判決の立場を踏襲しつつも、国内土地管轄規定では必ずしも考慮されていない国際的配慮を加味する手法として「わが国で裁判を行うことが当事者間の公平、裁判の適正・迅速を期するという理念に反する特段の事情がある場合には国際裁判管轄を否定する」という限定を付け加え、それが「特段の事情論」として実務に定着していました。後に、最高裁はこの「特段の事情論」を追認しています (ファミリー事件最高裁判決 (最判平9・11・11民集51巻10号4055頁))。

図表10－2　主な管轄原因一覧表

訴えの種類	管轄原因
すべての訴え	被告の住所地（民訴3条の2）
契約上の債務に関する訴え	契約債務の履行地（民訴3条の3第1号）
財産権上の訴え	財産所在地（民訴3条の3第3号）
日本に事務所または営業所を有する者に対する当該事務所または営業所における業務に関する訴え	営業所・事務所所在地（民訴3条の3第4号）
日本において事業を行う者に対するその者の日本における業務に関する訴え	事業活動地（民訴3条の3第5号）
不法行為に関する訴え	不法行為地（民訴3条の3第8号）
消費者契約に関する消費者からの事業者に対する訴え	消費者の常居所地（民訴3条の4第1項）
個別労働関係民事紛争に関する労働者からの事業主に対する訴え	労務提供地（民訴3条の4第2項）

このほか、専属管轄（民訴3条の5）、併合管轄（民訴3条の6）、合意管轄（民訴3条の7）、応訴管轄（民訴3条の8）等々。

3　各種の管轄規定

以下では、民事訴訟法3条の2以下の、財産関係事件一般についての国際裁判管轄に関する各種の規定の中でも、国際取引紛争の解決にとって特に重要性の高い規定に焦点をあてて紹介します。

(1)　被告住所地管轄

民事訴訟において、原告は入念に準備した上で訴えをなすことが可能ですが、被告はあくまでも受動的な立場において自らを防御することを余儀なくされます。そのような被告の防御の便宜を考慮して、伝統的に、訴えの原則的な法廷地は被告の住所地にあると考えられてきました（法諺（ほうげん）「原告は被告の法廷地に従う（actor sequitur forum rei）」）。現在もこの原則は多くの国で認められており、民事訴訟は、訴えの種類を問わず、被告の住所地において提起することが原則とされてきました。

わが国の民事訴訟法においても、上記の原則に従い、自然人に対する訴えについては、①住所が日本にあるとき、②住所が日本にも外国にもないまたは不明の場合には、居所が日本にあるとき、さらに③居所が日本にも外国にもないまたは不明の場合には、最後の住所が日本にあるときは、日本の裁判所の国際裁判管轄が原則として認められます（民訴3条の2第1項）。また、法人その他の社団または財団に対する訴えについては、①主たる事務所・営業所（本店）が日本にあるとき、②主たる事務所・営業所が日本にも外国にもないまたはその所在地が不明の場合には、代表者その他の主たる業務担当者の住所が日本にあるときは、日本の裁判所の国際裁判管轄が原則として認められます（同3条の2第3項）。

(2) 契約債務の履行地管轄

契約債務の履行地管轄は、債務者は履行地での履行請求を予期していると考えられること、履行地での給付の実現は契約の本旨に適うこと、履行地には債務の履行に関する証拠が所在する蓋然性が高いこと等を根拠とした管轄であり、契約上の債務に関する訴えについて、契約において定められた当該債務の履行地が日本国内にあるとき、または契約において選択された地の法によれば当該債務の履行地が日本国内にあるときは、日本の裁判所の国際裁判管轄が原則として認められます（民訴3条の3第1号）。

より具体的には、この管轄は「契約上の債務の履行の請求を目的とする訴え」（例：売買代金支払請求訴訟、契約目的物引渡請求訴訟）のほか、「契約上の債務に関する請求を目的とする訴え」（契約上の債務に関して行われた事務管理に係る請求を目的とする訴え（例：委任契約で定められた範囲を超えて受任者が委任者のために事務を行った場合の費用償還請求訴訟）、契約上の債務に関して生じた不当利得に係る請求を目的とする訴え（例：契約解除時の支払済みの売買代金相当額の返還請求訴訟）、契約上の債務の不履行による損害賠償の請求を目的とする訴え等）を対象としています。

また、この管轄の基準となる債務は、当事者の予測が及びうる契約上の本来の債務ですので、たとえば、契約上の債務の不履行による損害賠償の請求を目的とする訴えについては、損害賠償債務ではなく、契約上の本来の債務が管轄の基準となります。また、契約上複数の債務が存在する場合には、それぞれの債務ごとに、この管轄の存否が判断されることに注意しなければなりません。

なお、この管轄は、契約において定められた当該債務の履行地が日本にある場合に加えて、契約準拠法により定められる履行地が日本にある場合にも認められますが、後者の場合には、当事者の予測可能性を確保するために、契約準拠法が当事者により選択されていることが必須となっています。

(3) 財産所在地管轄

財産所在地管轄は、国際的な債権者の権利実現を容易化する意図の下に認められている管轄であり、財産権上の訴えについては、①請求の目的が日本にあるとき（例：契約目的物引渡請求訴訟において当該目的物が日本に所在するとき）、さらに②当該訴えが金銭の支払を請求するものである場合には差押可能な被告の財産が日本にあるときは、日本の裁判所の国際裁判管轄が原則として認められます（民訴3条の3第3号）。なお、名目的な財産の所在に基づく過剰管轄の発生を防ぐために、被告の差押可能な財産の価額が著しく低いときには、管轄は認められません（同3条の3第3号括弧書）。

財産所在地管轄は、請求の目的が日本にある場合については、被告の予測可能性があり、また事案とわが国の十分な関連性が認められますが、差押可能な被告の財産が日本にある場合については、事案とわが国の関連性に欠けるおそれがあります。その意味では、後に続く、特別の事情の判断（民訴3条の9）において、最終的に訴え却下という形で調整される可能性が少なからずあることに注意が必要です。

(4) 事務所・営業所所在地管轄

被告の事務所・営業所が日本にある場合、当該事務所・営業所の業務に関する訴えについては、日本の裁判所の国際裁判管轄が原則として認められます（民訴3条の3第4号）。被告の事務所・営業所は当該業務については被告の住所に準ずるもの（業務の本拠地）とみることができ、また当該業務に関する訴えについて事務所・営業所所在地の裁判所で審理を行うことは証拠収集の便宜にも適うことが、事務所・営業所所在地管轄の根拠とされます。たとえば、日本企業が、被告外国企業の日本にある営業所を通じて取引をした場合には、当該取引に関する訴えについて日本の裁判所は原則として国際裁判管轄権を有することになります。なお、事務所・営業所所在地管轄の対象とされる業務は、被告の日本にある事務所・営業所が実施・関与した業務であればよく、業務が実施された地が日本にあるかどうかは問われません。

(5) 事業活動地管轄

日本において事業を行う者に対する訴えについては、その訴えがその者の日本における業務に関するものであるときは、日本の裁判所の国際裁判管轄が原則として認められます（民訴3条の3第5号）。このように、日本における事業活動を通じて利益を得る者は、たとえ日本に事務所・営業所といった拠点を有していない場合であっても、日本における業務に関する訴えについては、日本での応訴の負担を負うことになります。事業活動地管轄が肯定されるためには、「事業」としての継続性と独立性を備えた活動を、被告が日本において行っていることが認められなければならず、仮に当該活動がインターネット上のウェブサイトを通じて行われている場合には、ウェブサイトで使用される言語その他の事情から、当該活動が日本をターゲットにした「日本における」活動であることが認められる必要があります。

(6) 不法行為地管轄

不法行為地管轄は、当事者の予測可能性、証拠収集の便宜、不法行為地の公的秩序の侵害などを根拠に認められている管轄であり、不法行為に関する訴えについては、不法行為地が日本にあるときは、日本の裁判所の国際裁判管轄が原則として認められます（民訴3条の3第8号）。不法行為地には、加害行為地および結果発生地のいずれもが含まれますが、二次的・派生的な損害のみの発生地は含まれないと解する立場が多数説です。

ただし、不法行為地管轄は、当事者間の公平性の見地から、外国で行われた加害行為の結果が日本で発生した場合において、日本におけるその結果の発生が通常予見することのできないものであったときは、認められません（民訴3条の3第8号括弧書）。日本における結果の発生が通常予見することのできないものであったかどうかは、加害者の主観によるのではなく、加害行為の態様・性質などの当該不法行為に関する諸般の事情を総合的に勘案して、客観的に判断されます。

なお、不法行為地管轄が認められるにあたっては、不法行為地が日本にあることの証明が必要となりますが、不法行為があったか否かは、本案審理において本来決定されるべき事項です。この場合、管轄原因を基礎づける事実と実体法上の請求原因を基礎づける事実とが符合するため、本案審理に入る前の国際裁判管轄の存否の決定段階において、どの程度の立証が必要となるかが問題となります。この点について、多数説は不法行為の存在について一応の証明が必要としていますが、最高裁は「原則として、被告が我が国においてした行為により原告の法益について損害が生じたとの客観的事実関係が証明されれば足りると解するのが相当」と判示しています（最判平13・6・8民集55巻4号727頁（ウルトラマン事件））。

(7) 消費者・労働者保護のための特別の管轄ルール

消費者と事業者、労働者と事業主との間には交渉力・経済力という点で圧倒的な格差があることから、弱者としての消費者および労働者の裁判を受ける権利を保障する目的で、消費者契約（**第4章第5節**を参照）をめぐる紛争、および労働契約の存否その他の労働関係に関する事項について個々の労働者と事業主との間に生じた民事に関する紛争（個別労働関係民事紛争）に関しては、特別の管轄ルールが設けられています。すなわち、消費者契約に関する消費者からの事業者に対する訴えについては訴提起時または消費者契約締結時の消費者の住所が日本にあるとき（民訴3条の4第1項）、また、個別労働関係民事紛争に関する労働者からの事業主に対する訴えについては労務提供地（その地が定まっていない場合には、労働者を雇い入れた事業所の所在地）が日本にあるときは（同3条の4第2項）、日本の裁判所の国際裁判管轄が原則として認められます。

さらに、消費者契約に関する事業者からの消費者に対する訴え、および個別労働関係民事紛争に関する事業主からの労働者に対する訴えについては、民訴法3条の3の適用が排除されており（民訴3条の4第3項）、そのような訴えについては、契約債務の履行地管轄や財産所在地管轄といった民事訴訟法3条の3に規定される管轄によることができません。

このように、消費者・労働者からの訴えについては日本において提起しやすいよう便宜を図るとともに、事業者・事業主からの訴えについては日本で訴えを提起できる場合を制限し、管轄ルール上、当事者間の公平性確保の観点から弱者と強者の力関係に応じた調整を行っています。

(8) 併合管轄

訴えにおいて複数の請求をなす場合、そのうちのひとつの請求について管轄原因が認められるときには、その他の請求についても、当事者の便宜、訴訟経済、判決の矛盾防止といった観点から当該請求自体に管轄原因がなくとも請求間の関連性に基づき日本の裁判所の国際裁判管轄が認められるケースがあります（併合管轄）。併合管轄には、同一の原告と被告の間の複数の請求を併合する場合（客観的併合）と、複数の原告または被告の間の請求を併合する場合（主観的併合）があります。

客観的併合の場合に関しては、日本の裁判所が国際裁判管轄権を有する請求とは全く関連のない他の請求についても日本の裁判所の管轄を認めると、当事者間の公平性を欠き、また争点が異なる請求を併合することによって審理が長期化する懸念があることから、請求間に密接な関連があるときにかぎり、日本の裁判所の国際裁判管轄が原則として認められます（民訴3条の6本文）。

また、主観的併合の場合に関しては、本来管轄がないはずの地で応訴を強いられる被告の負担に配慮して、請求間に密接な関連があることに加えて（民訴3条の6本文）、民事訴訟法38条前段に定める場合（訴訟の目的である権利または義務が数人について共通であるとき、または同一の事実上および法律上の原因に基づくとき）にかぎり、日本の裁判所の国際裁判管轄が原則として認められます（民訴3条の6但書）。

(9) 合意管轄

外国企業との取引に際して、当該取引に関する紛争が生じた場合にいずれの国の裁判所に訴えを提起できるかを予め合意しておくことがあります。このような国際裁判管轄の合意には、特定の国の裁判所においてのみ訴えを提起することができる旨の合意（専属的管轄合意）と、特定の国の裁判所において訴えを提起することができると定めつつも、それ以外の国の裁判所において訴えを提起することを妨げない旨の合意（付加的管轄合意）があります。

わが国でも、当該訴えが専属管轄の対象である場合を除き（民訴3条の10）、国際裁判管轄の合意が認められています（同3条の7第1項）。国際裁判管轄の合意については、一定の法律関係に基づく訴えに関するものであり、書面または電磁的記録によることが必要です（同3条の7第2項および第3項）。また、外国の裁判所を指定する専属的管轄合意については、裁判を受ける権利の保障という観点から、当該外国裁判所が法律上または事実上裁判権を行うことができないときは援用することはできません（同3条の7第4項）。

また、国際的裁判管轄の合意については、かつて判例（最判昭50・11・28民集29巻10号1554頁（チサダネ号事件））で示された、当該合意がはなはだしく不合理で公序法に違反するものでないこととの要件が引き続き前提とされつつ、さらに明文で、消費者・労働者保護（**第1節3(7)を参照**）を目的として合意の効力を制限する特別のルールが置かれています（民訴3条の7第5項および第6項）。すなわち、消費者契約に関する紛争が生じる前にされた国際裁判管轄の合意は、①当該合意が消費者契約締結時の消費者の住所地国の裁判所の管轄を合意するものであるとき（専属的管轄合意の場合にも、②③の場合を除き、付加的管轄合意として扱われます）、②合意された国の裁判所に消費者が訴えを提起したとき、③事業者が訴えを提起した場合に消費者が当該合意を援用したときにかぎって、効力を有します（民訴3条の7第5項）。同様に、個別労働関係民事紛争が生じる前にされた国際裁判管轄の合意は、①当該合意が労働契約終了時にされた合意であって、労働契約終了時の労務提供地国の裁判所の管轄を合意するものであるとき（専属的管轄合意の場合にも、②③の場合を除き、付加的管轄合意として扱われます）、②合意された国の裁判所に労働者が訴えを提起したとき、③事業主が訴えを提起した場合に労働者が当該合意を援用したときにかぎって、効力を有します（民訴3条の7第6項）。

⑽ 応訴管轄

日本において提起された訴えについて、本来は日本の裁判所が国際裁判管轄権を有しない場合であっても、当該訴えが専属管轄の対象である場合を除き（民訴3条の10）、被告が日本の裁判所が国際裁判管轄権を有しない旨の抗弁を提出することなく本案について弁論をし、または弁論準備手続において申述をしたときは、日本の裁判所の国際裁判管轄が原則として認められます（同3条の8）。

⑾ 専属管轄

裁判の適正・迅速および法律関係の画一的・統一的処理といった要請に基づき、①日本法に準拠して設立された会社・社団・財団の組織等に関する訴えについて、②登記・登録に関する訴えについて、登記・登録すべき地が日本にあるとき、③知的財産権（**第8章第1節**を参照）のうち設定の登録により発生するものの存否・効力に関する訴えについて、設定の登録が日本においてなされたときは、国際裁判管轄権は日本の裁判所に専属します（民訴3条の5）。なお、日本の裁判所に提起された訴えがこのような専属管轄の対象に該当し、かつ専属管轄の規定によれば日本の裁判所に管轄権が認められない場合には、民事訴訟法3条の2以下の規定による管轄権は認められず（同3条の10）、訴えは却下されます。また、専属管轄に関しては、民事訴訟法3条の9における特別の事情の判断による調整はなされません（同3条の10）。

4　特別の事情による訴えの却下

日本の裁判所に国際裁判管轄権が専属する場合および日本の裁判所を管轄裁判所とする専属的管轄合意に基づいて訴えが提起された場合を除き、民事訴訟法3条の2以下の各種の管轄規定により日本の裁判所が国際裁判管轄権を有するとされる場合であっても、日本の裁判所が裁判をなすことが当事者間の衡平を害し、または適正・迅速な審理の実現を妨げることとなる特別の事情があるときは、裁判所は当該訴えの全部または一部を却下することができます（民訴3条の9）。民事訴訟法3条の9は、かつて裁判実務において定着していた「特段の事情論」を明文化した規定です（⇒コラム㉙：特段の事情論）。特別の事情の有無の判断においては、事案の性質（請求の内容、当事者の国籍、契約締結地等）、応訴による被告の負担の程度、証拠の所在地その他のさまざまな事情が考慮されることになります。

第2節　外国判決の承認・執行

1　わが国における外国判決の承認・執行制度

日本の裁判所が下した判決は国家主権行使の一環として日本において当然に効力を有しますが、外国の裁判所が下した判決については日本において必ずしも効力が認められるわけではありません。とはいえ、外国の裁判所が下した判決であっても、訴訟経済や当事者の負担等を考慮すると、同一事件についての日本での裁判のやり直しをできるだけ回避し、日本からみてその効力を認めても差し支えないと考えられる外国判決については、日本でもその効力を承認することが望ましいと考えられます。そこで、日本は、外国判決の承認にあたって一定の要件を設けた上で、当該要件を具備している外国判決については日本でその効力を承認するとの立場をとっています。なお、外国判決の承認・執行に際して、外国判決の事実認定や法の適用の当否について改めて審査することは、日本での裁判のやり直しと異ならないため、禁じられています（実質的再審査禁止の原則、民執24条4項）。

上記のように、日本は、外国判決を承認するにあたり、裁判手続によらずとも、一定の要件を当該外国判決が具備していれば法律上当然に承認される制度

（法律による自動承認制度）を採用していますが（民訴118条）、外国判決に基づき日本において強制執行を行う場合には、日本法上の執行力が付与される必要があることから、日本において別途、裁判手続を通じて執行判決を得なければなりません。外国裁判所の判決についての執行判決を求める訴え（執行判決請求訴訟）において外国判決の確定および民事訴訟法118条各号の承認要件の具備が認められた場合には執行判決が下され、外国判決による強制執行の許可が宣言されることになります（民執24条５項および６項）。

2　承認の対象と要件

⑴　民事訴訟法118条の概要

民事訴訟法118条によれば、確定しており（民訴118条柱書）、かつ同条各号に定められた要件を具備した外国判決は日本において承認され、その効力が認められます。民事訴訟法118条では、承認要件として、①判決国の裁判所が当該事件について国際裁判管轄権を有すると認められること（同条１号）、②敗訴の被告が訴訟の開始に必要な呼出し・命令の送達を受けたことまたは受けなかったが応訴したこと（同条２号）、③判決の内容および訴訟手続が日本における公序良俗に反しないこと（同条３号）、④日本と判決国の間に相互の保証があること（同条４号）が定められています。

⑵　外国裁判所の確定判決

民事訴訟法118条柱書において承認の対象とされている「外国裁判所の確定判決」とは、外国裁判所が私法上の法律関係について当事者双方の手続的保障の下に終局的にした裁判（最判平10・４・28民集52巻３号853頁）であって確定しているものをさします。ここでの「裁判所」とは、判決国法上裁判をなす権限を有する国家機関であればよく、その名称のいかんは問いません。また、「確定」とは、判決国法上通常の不服申立てによっては裁判の取消・変更ができなくなった状態をさしており、したがって仮差押・仮処分等は承認・執行の対象外とされています。なお、裁判上の和解調書や公正証書は「判決」に含まれないと解するのが一般的です。

⑶　間接管轄

外国判決の承認にあたっては、まず、判決国の裁判所が当該事件について国際裁判管轄権を有すると認められることが必要です（民訴118条1号）。仮に判決国が事件・当事者等との関連性からみて当該事件を審理する上で適切な法廷地でなかったとすれば、その国の裁判所で下された判決をわが国において承認することは妥当ではありません。そのため、当該事件を審理する上で判決国が適切な法廷地であったのか否か、つまり、当該事件について判決国の裁判所の国際裁判管轄が認められるのか否かが、当該外国判決の承認の可否を決定する上で重要となります。

間接管轄の存否の基準については、判決国の当該事件の法廷地としての適否をチェックするというこの要件の趣旨・目的から、判決国の基準ではなく、承認国の基準に従い判断するという立場（承認国法説）が通説・判例となっています（最判平26・4・24民集68巻4号329頁等）。その上で、間接管轄の基準については、自国の裁判所の国際裁判管轄（直接管轄）の基準と表裏一体として同一とする説が多数である一方で、跛行（はこう）的法律関係の発生防止という観点から、外国判決の承認を促進すべく直接管轄の基準よりもより緩やかに解すべきとの説も主張されています。また、判例は、間接管轄の基準について、直接管轄の規定に依拠することを明らかにしつつも、条理による独自の判断の余地を認めているものとみられます（前掲最判平26・4・24）。

(4) 訴訟の開始に必要な呼出し・命令の送達

外国判決の承認にあたっては、さらに、敗訴した被告に対する防御の機会の保障という観点から、敗訴した被告が訴訟の開始に必要な呼出し・命令の送達（公示送達（裁判所の掲示場に掲示をなすことにより、被告に送達がなされたものと擬制する制度：民訴111条）等を除く）を受けたことまたは受けなかったが応訴したことが必要とされています（同118条2号）。

訴状等の送達は、大陸法系諸国では国家主権行使の一環と捉えられており、領域外への直接送達は認められず、外国への送達を要する場合には受達国の官庁等の協力（司法共助）を得なければならないとされています。このような訴状等の送達に関する司法共助について日本が多国間・二国間条約を締結している関係上、民事訴訟法118条2号の要件についても、当該外国判決に関して領域外への送達がなされた場合には、当該送達が条約に則した適式な送達であったかという点が問題となります。この点に関して、送達の適式性を判決国法により判断する見解もありますが、通説・判例は、訴状等の送達について判決国とわが国との間に司法共助に関する条約が締結されている場合には、当該条約に則した送達がなされていることが必要であるとしています（前掲最判平10・4・28）。

また、民事訴訟法118条2号の要件を具備するためには、被告に対してなされる訴状等の送達は、「被告が現実に訴訟手続の開始を了知することができ、かつ、その防御権の行使に支障のないもの」（前掲最判平10・4・28）でなければなりません。直接郵便送達がなされた場合、被告の了解可能性に関して、裁判例では一律に翻訳文の添付を必要とする立場をとるものがみられますが、学説上は被告の言語能力や時間的余裕等を総合的に考慮して翻訳文の要否を判断する立場が多数説となっています。

(5) 公序

実質的再審査禁止の原則により、外国判決の承認・執行に際して外国判決の事実認定や法の適用の当否を改めて審査することは認められませんが、他方で、その内容や手続に問題のある外国判決の承認・執行によって内国の基本的法秩序が損なわれることがあってはなりません。そのため、外国判決の承認要件のひとつとして、外国判決の内容および訴訟手続が日本における公序良俗に反しないことが要求されています（民訴118条3号）。民事訴訟法118条3号における公序には、外国判決の内容に関する公序（実体的公序）と訴訟手続に関する公序（手続的公序）の両方が含まれ、外国判決の内容がわが国の実体法秩序の根幹を害する場合、あるいは外国判決の成立に至るまでの手続がわが国の手続法上の基本原則に反するものである場合には、民事訴訟法118条3号の要件を欠くとして外国判決の承認は拒絶されます。なお、ここでの公序は、準拠法の適用における公序（国際私法上の公序、法適用通則42条。**第4章第1節2**参照）とパラレルに、外国判決を承認した場合の結果の反公序性および当該事案とわが国との関連性の強さという2つの点から審査がなされます。裁判例としては、アメリカ・カリフォルニア州判決の懲罰的損害賠償を命じた部分について民事訴訟法118条3号の公序に反するとして承認が拒絶された最高裁判決（最判平9・7・11民集51巻6号2573頁（萬世工業事件））など、さまざまな事例があります。

コラム㉚　懲罰的損害賠償

懲罰的損害賠償とは、通常の塡補(てんぽ)的な損害賠償とは別に、悪性が強い加害者への制裁（懲罰）として被害者に対して支払うよう命じられる損害賠償をいいます。懲罰的損害賠償は、形式上は民事手続を通じた私法上の救済にあたりますが、その主たる目的が加害者への制裁と将来の同様の行為の抑止にあることから、罰金に類似した準刑事的性格をもつとされます。従来、懲罰的損害賠償制度は、民事責任と刑事責任が峻別されていない英米法系諸国に特有の制度とされてきましたが、近年では、中国、台湾、韓国など、東アジア地域において懲罰的損害賠償制度を導入する国が相次いでいます。一方、日本では、加害者への制裁と将来の同様の行為の抑止は刑事上または行政上の制裁に委ねられており、損害賠償はあくまでも実際に発生した損害を塡補するものとして捉えられています。

(6)　相互の保証

外国判決の承認にあたっては、さらに相互の保証、つまり、日本において外国判決が承認されるのと同様に、判決国において日本の判決が承認されるという保証があることが要求されています（民訴118条4号）。この要件の根拠のひとつとして、外国判決の承認につき厳格な立場をとる国に対しより寛容な立場に移行するインセンティブを与えることがあげられますが、その効果は疑問視されており、判決国の法制度のいかんによって私人の権利救済が左右されるのは適切でないとして批判されています。

相互の保証の要件の具備について、通説・判例では、判決国において日本の裁判所が下す同種類の判決が日本における承認要件と「重要な点で異ならない条件のもとに」（最判昭58・6・7民集37巻5号611頁）承認されているのであればよいとされており、基本的に緩やかに解釈されますが、外国判決を実質的再審査の上であるいは判決の承認・執行に関する条約等が締結されている場合にかぎって承認する国との間には相互の保証はないと考えられます。

参考文献一覧

1　国際取引法

UNCITRAL 事務局『注釈ウィーン売買条約最終草案』商事法務、2015年（吉川吉樹訳、曽野裕夫補訳）
江頭憲治郎『商取引法〔第9版〕』弘文堂、2022年
甲斐道太郎＝石田喜久夫他編『注釈国際統一売買法１・２』法律文化社、2000年・2003年
亀田尚己編著『現代国際商取引：よくわかる理論と実務〔改訂版〕』文眞堂、2021年
木ノ内敏久『仮想通貨とブロックチェーン』日本経済新聞出版社、2017年
木村栄一＝大谷孝一他編『海上保険の理論と実務』弘文堂、2011年
久保田隆『国際取引法講義〔第3版〕』中央経済社、2021年
河野俊行編『知的財産権と渉外民事訴訟』弘文堂、2010年
国際商業会議所日本委員会編『インコタームズ®2020』国際商業会議所日本委員会、2019年
小塚荘一郎＝森田果『支払決済法〔第3版〕』商事法務、2018年
佐野寛『国際取引法〔第5版〕』有斐閣、2023年
澤田壽夫＝柏木昇他編著『マテリアルズ国際取引法〔第3版〕』有斐閣、2014年
シュレヒトリーム『国際統一売買法——成立過程からみたウィーン売買条約』商事法務研究会、1997年（内田貴＝曽野裕夫訳）
杉浦保友＝久保田隆編著『ウィーン売買条約の実務解説〔第2版〕』中央経済社、2011年
曽野和明＝山手正史『国際売買法』青林書院、1993年
高桑昭『新版　国際商取引法』東信堂、2019年
田中美穂『多国籍企業の法的規制と責任』大阪大学出版会、2005年
東京海上日動火災保険株式会社編著『外航貨物海上保険約款詳説』有斐閣、2021年
戸田修三＝中村眞澄編『注解国際海上物品運送法』青林書院、1997年
中出哲『海上保険：グローバル・ビジネスの視点を養う』有斐閣、2019年
中村達也『国際取引紛争：仲裁・調停・交渉』三省堂、2012年
日本国際経済法学会編『国際経済法講座Ⅰ、Ⅱ』法律文化社、2012年
浜谷源蔵（椿弘次補訂）『最新貿易実務〔補訂新版〕』同文舘、2008年
藤田勝利＝落合誠一他編『注釈モントリオール条約』有斐閣、2020年
松岡博編『現代国際取引法講義』法律文化社、1996年
松岡博『国際取引と国際私法』晃洋書房、1993年
松岡博編『国際関係私法入門〔第4版補訂〕』有斐閣、2021年
松岡博編『レクチャー国際取引法〔第3版〕』法律文化社、2022年
野村美明＝高杉直他編『ケーススタディ　国際関係私法』有斐閣、2015年
松永詩乃美『国際契約における書式の闘い』帝塚山大学出版会、2009年
渡辺惺之＝野村美明編『論点解説　国際取引法』法律文化社、2002年
CISG — JAPAN　DATABASE 曽野裕夫教授によるデータベース http://www.juris.

hokudai.ac.jp/%7Esono/cisg/index.html → 主要なデータベースUNCITRALやPACE大学へのリンク関連文献情報があります。
博多港ふ頭株式会社ウェブページ（https://hakatako-futo.co.jp）

2　国際私法・国際民事手続法

神前禎『解説 法の適用に関する通則法：新しい国際私法』弘文堂、2006年
神前禎＝早川吉尚他『国際私法〔第4版〕』有斐閣、2019年
金美和『国際代理商契約法の研究』信山社、2022年
黄軔霆『中国国際私法の比較法的研究』帝塚山大学出版会、2015年
小出邦夫編著『逐条解説・法の適用に関する通則法〔増補版〕』商事法務、2014年
小島武司＝高桑昭編『仲裁法：注釈と論点』青林書院、2007年
小林秀之＝村上正子『新版　国際民事訴訟法』弘文堂、2020年
櫻田嘉章『国際私法〔第7版〕』有斐閣、2020年
櫻田嘉章＝佐野寛他編著『演習国際私法CASE30』有斐閣、2016年
櫻田嘉章＝道垣内正人編『注釈国際私法　第1巻・第2巻』有斐閣、2011年
佐藤達文＝小林康彦編著『一問一答　平成23年 民事訴訟法等改正』商事法務、2012年
澤木敬郎＝道垣内正人『国際私法入門〔第8版〕』有斐閣、2018年
シティユーワ法律事務所編『Q&A法務担当者のための国際商事仲裁の基礎知識』中央経済社、2018年
嶋拓哉＝高杉直編『国際民事手続法』勁草書房、2022年
多田望＝長田真里他『国際私法』有斐閣、2021年
出口耕自『論点講義　国際私法』法学書院、2015年
寺井里沙『国際債権契約と回避条項』信山社、2017年
道垣内正人『ポイント国際私法：各論〔第2版〕』有斐閣、2014年
道垣内正人『ポイント国際私法：総論〔第2版〕』有斐閣、2007年
道垣内正人＝中西康編『国際私法判例百選〔第3版〕』有斐閣、2021年
道垣内正人＝中西康他『判例百選で学ぶ国際私法』有斐閣、2023年
中西康＝北澤安紀他『国際私法〔第3版〕』有斐閣、2022年
中村達也『仲裁法概説』成文堂、2022年
野村美明他編著『新・ケースで学ぶ国際私法』法律文化社、2020年
本間靖規＝中野俊一郎他『国際民事手続法〔第2版〕』有斐閣、2012年
松岡博著／高杉直補訂『国際関係私法講義〔改題補訂版〕』法律文化社、2015年
松岡博『国際私法・国際取引法判例研究〔新版〕』大阪大学出版会、2003年
山内惟介＝佐藤文彦編『〈標準〉国際私法』信山社、2020年

付属資料

資料１　国際物品売買契約に関する国際連合条約（抜粋）
資料２　国際海上物品運送法（抜粋）
資料３　法の適用に関する通則法（抜粋）
資料４　民事訴訟法（抜粋）
資料５　船荷証券のイメージ
資料６　貨物海上保険証券のイメージ
資料７　商業信用状のイメージ

●資料1●
国際物品売買契約に関する国際連合条約（抜粋）
（平成20年7月7日条約第8号）

この条約の締約国は、

国際連合総会第6回特別会期において採択された新たな国際経済秩序の確立に関する決議の広範な目的に留意し、

平等及び相互の利益を基礎とした国際取引の発展が諸国間の友好関係を促進する上での重要な要素であることを考慮し、

異なる社会的、経済的及び法的な制度を考慮した国際物品売買契約を規律する統一的準則を採択することが、国際取引における法的障害の除去に貢献し、及び国際取引の発展を促進することを認めて、

次のとおり協定した。

第1部　適用範囲及び総則

第1章　適用範囲

第1条

(1)　この条約は、営業所が異なる国に所在する当事者間の物品売買契約について、次のいずれかの場合に適用する。

(a)　これらの国がいずれも締約国である場合

(b)　国際私法の準則によれば締約国の法の適用が導かれる場合

(2)　当事者の営業所が異なる国に所在するという事実は、その事実が、契約から認められない場合又は契約の締結時以前における当事者間のあらゆる取引関係から若しくは契約の締結時以前に当事者によって明らかにされた情報から認められない場合には、考慮しない。

(3)　当事者の国籍及び当事者又は契約の民事的又は商事的な性質は、この条約の適用を決定するに当たって考慮しない。

第2条

この条約は、次の売買については、適用しない。

(a)　個人用、家族用又は家庭用に購入された物品の売買。ただし、売主が契約の締結時以前に当該物品がそのような使用のために購入されたことを知らず、かつ、知っているべきでもなかった場合は、この限りでない。

(b)　競り売買

(c)　強制執行その他法令に基づく売買

(d)　有価証券、商業証券又は通貨の売買

(e)　船、船舶、エアクッション船又は航空機の売買

(f)　電気の売買

第3条

(1)　物品を製造し、又は生産して供給する契約は、売買とする。ただし、物品を注文した当事者がそのような製造又は生産に必要な材料の実質的な部分を供給することを引き受ける場合は、この限りでない。

(2)　この条約は、物品を供給する当事者の義務の主要な部分が労働その他の役務の提供から成る契約については、適用しない。

第4条

この条約は、売買契約の成立並びに売買契約から生ずる売主及び買主の権利及び義務についてのみ規律する。この条約は、この条約に別段の明文の規定がある場合を除くほか、特に次の事項については、規律しない。

(a)　契約若しくはその条項又は慣習の有効性

(b)　売却された物品の所有権について契約が有し得る効果

第5条

この条約は、物品によって生じたあらゆる人の死亡又は身体の傷害に関する売主の責任については、適用しない。

第6条

当事者は、この条約の適用を排除することができるものとし、第12条の規定に従うことを条件として、この条約のいかなる規定も、

その適用を制限し、又はその効力を変更することができる。

第２章　総則

第７条

(1)　この条約の解釈に当たっては、その国際的な性質並びにその適用における統一及び国際取引における信義の遵守を促進する必要性を考慮する。

(2)　この条約が規律する事項に関する問題であって、この条約において明示的に解決されていないものについては、この条約の基礎を成す一般原則に従い、又はこのような原則がない場合には国際私法の準則により適用される法に従って解決する。

第８条

(1)　この条約の適用上、当事者の一方が行った言明その他の行為は、相手方が当該当事者の一方の意図を知り、又は知らないことはあり得なかった場合には、その意図に従って解釈する。

(2)　(1)の規定を適用することができない場合には、当事者の一方が行った言明その他の行為は、相手方と同種の合理的な者が同様の状況の下で有したであろう理解に従って解釈する。

(3)　当事者の意図又は合理的な者が有したであろう理解を決定するに当たっては、関連するすべての状況（交渉、当事者間で確立した慣行、慣習及び当事者の事後の行為を含む。）に妥当な考慮を払う。

第９条

(1)　当事者は、合意した慣習及び当事者間で確立した慣行に拘束される。

(2)　当事者は、別段の合意がない限り、当事者双方が知り、又は知っているべきであった慣習であって、国際取引において、関係する特定の取引分野において同種の契約をする者に広く知られ、かつ、それらの者により通常遵守されているものが、黙示的に当事者間の契約又はその成立に適用されることとしたものとする。

第10条

この条約の適用上、

(a)　営業所とは、当事者が２以上の営業所を有する場合には、契約の締結時以前に当事者双方が知り、又は想定していた事情を考慮して、契約及びその履行に最も密接な関係を有する営業所をいう。

(b)　当事者が営業所を有しない場合には、その常居所を基準とする。

第11条

売買契約は、書面によって締結し、又は証明することを要しないものとし、方式について他のいかなる要件にも服さない。売買契約は、あらゆる方法（証人を含む。）によって証明することができる。

第12条

売買契約、合意によるその変更若しくは終了又は申込み、承諾その他の意思表示を書面による方法以外の方法で行うことを認める前条、第29条又は第２部のいかなる規定も、当事者のいずれかが第96条の規定に基づく宣言を行った締約国に営業所を有する場合には、適用しない。当事者は、この条の規定の適用を制限し、又はその効力を変更することができない。

第13条

この条約の適用上、「書面」には、電報及びテレックスを含む。

第２部　契約の成立

第14条

(1)　１人又は２人以上の特定の者に対してした契約を締結するための申入れは、それが十分に確定し、かつ、承諾があるときは拘束されるとの申入れをした者の意思が示されている場合には、申込みとなる。申入れは、物品を示し、並びに明示的又は黙示的に、その数量及び代金を定め、又はそれらの決定方法について規定している場合には、十分に確定しているものとする。
⑵　1人又は2人以上の特定の者に対してした申入れ以外の申入れは、申入れをした者が反対の意思を明確に示す場合を除くほか、単に申込みの誘引とする。
第15条
⑴　申込みは、相手方に到達した時にその効力を生ずる。
⑵　申込みは、撤回することができない場合であっても、その取りやめの通知が申込みの到達時以前に相手方に到達するときは、取りやめることができる。
第16条
⑴　申込みは、契約が締結されるまでの間、相手方が承諾の通知を発する前に撤回の通知が当該相手方に到達する場合には、撤回することができる。
⑵　申込みは、次の場合には、撤回することができない。
　⒜　申込みが、一定の承諾の期間を定めることによるか他の方法によるかを問わず、撤回することができないものであることを示している場合
　⒝　相手方が申込みを撤回することができないものであると信頼したことが合理的であり、かつ、当該相手方が当該申込みを信頼して行動した場合
第17条
　申込みは、撤回することができない場合であっても、拒絶の通知が申込者に到達した時にその効力を失う。
第18条
⑴　申込みに対する同意を示す相手方の言明その他の行為は、承諾とする。沈黙又はいかなる行為も行わないことは、それ自体では、承諾とならない。
⑵　申込みに対する承諾は、同意の表示が申込者に到達した時にその効力を生ずる。同意の表示が、申込者の定めた期間内に、又は期間の定めがない場合には取引の状況（申込者が用いた通信手段の迅速性を含む。）について妥当な考慮を払った合理的な期間内に申込者に到達しないときは、承諾は、その効力を生じない。口頭による申込みは、別段の事情がある場合を除くほか、直ちに承諾されなければならない。
⑶　申込みに基づき、又は当事者間で確立した慣行若しくは慣習により、相手方が申込者に通知することなく、物品の発送又は代金の支払等の行為を行うことにより同意を示すことができる場合には、承諾は、当該行為が行われた時にその効力を生ずる。ただし、当該行為が⑵に規定する期間内に行われた場合に限る。
第19条
⑴　申込みに対する承諾を意図する応答であって、追加、制限その他の変更を含むものは、当該申込みの拒絶であるとともに、反対申込みとなる。
⑵　申込みに対する承諾を意図する応答は、追加的な又は異なる条件を含む場合であっても、当該条件が申込みの内容を実質的に変更しないときは、申込者が不当に遅滞することなくその相違について口頭で異議を述べ、又はその旨の通知を発した場合を除くほか、承諾となる。申込者がそのような異議を述べない場合には、契約の内容は、申込みの内容に承諾に含まれた変更を加えたものとする。
⑶　追加的な又は異なる条件であって、特に、代金、支払、物品の品質若しくは数量、引渡しの場所若しくは時期、当事者の一方の相手方に対する責任の限度又は紛争解決に関するものは、申込みの内容を実質的に変更するものとする。
＊＊＊＊
第21条
⑴　遅延した承諾であっても、それが承諾としての効力を有することを申込者が遅滞なく相手方に対して口頭で知らせ、又はその旨の通知を発した場合には、承諾としての効力を有する。
⑵　遅延した承諾が記載された書簡その他の

書面が、通信状態が通常であったとしたならば期限までに申込者に到達したであろう状況の下で発送されたことを示している場合には、当該承諾は、承諾としての効力を有する。ただし、当該申込者が自己の申込みを失効していたものとすることを遅滞なく相手方に対して口頭で知らせ、又はその旨の通知を発した場合は、この限りでない。

第22条

承諾は、その取りやめの通知が当該承諾の効力の生ずる時以前に申込者に到達する場合には、取りやめることができる。

第23条

契約は、申込みに対する承諾がこの条約に基づいて効力を生ずる時に成立する。

第24条

この部の規定の適用上、申込み、承諾の意思表示その他の意思表示が相手方に「到達した」時とは、申込み、承諾の意思表示その他の意思表示が、相手方に対して口頭で行われた時又は他の方法により相手方個人に対し、相手方の営業所若しくは郵便送付先に対し、若しくは相手方が営業所及び郵便送付先を有しない場合には相手方の常居所に対して届けられた時とする。

第3部　物品の売買

第1章　総則

第25条

当事者の一方が行った契約違反は、相手方がその契約に基づいて期待することができたものを実質的に奪うような不利益を当該相手方に生じさせる場合には、重大なものとする。ただし、契約違反を行った当事者がそのような結果を予見せず、かつ、同様の状況の下において当該当事者と同種の合理的な者がそのような結果を予見しなかったであろう場合は、この限りでない。

第26条

契約の解除の意思表示は、相手方に対する通知によって行われた場合に限り、その効力を有する。

＊＊＊＊

第29条

(1)　契約は、当事者の合意のみによって変更し、又は終了させることができる。

(2)　合意による変更又は終了を書面によって行うことを必要とする旨の条項を定めた書面による契約は、その他の方法による合意によって変更し、又は終了させることができない。ただし、当事者の一方は、相手方が自己の行動を信頼した限度において、その条項を主張することができない。

第2章　売主の義務

第30条

売主は、契約及びこの条約に従い、物品を引き渡し、物品に関する書類を交付し、及び物品の所有権を移転しなければならない。

第1節　物品の引渡し及び書類の交付

第31条

売主が次の(a)から(c)までに規定する場所以外の特定の場所において物品を引き渡す義務を負わない場合には、売主の引渡しの義務は、次のことから成る。

(a)　売買契約が物品の運送を伴う場合には、買主に送付するために物品を最初の運送人に交付すること。

(b)　(a)に規定する場合以外の場合において、契約が特定物、特定の在庫から取り出される不特定物又は製造若しくは生産が行われる不特定物に関するものであり、かつ、物品が特定の場所に存在し、又は特定の場所で製造若しくは生産が行われることを当事者双方が契約の締結時に知っていたときは、その場所において物品を買主の処分にゆだねること。

(c)　その他の場合には、売主が契約の締結時に営業所を有していた場所において物品を買主の処分にゆだねること。

第32条

(1) 売主は、契約又はこの条約に従い物品を運送人に交付した場合において、当該物品が荷印、船積書類その他の方法により契約上の物品として明確に特定されないときは、買主に対して物品を特定した発送の通知を行わなければならない。

(2) 売主は、物品の運送を手配する義務を負う場合には、状況に応じて適切な運送手段により、かつ、このような運送のための通常の条件により、定められた場所までの運送に必要となる契約を締結しなければならない。

(3) 売主は、物品の運送について保険を掛ける義務を負わない場合であっても、買主の要求があるときは、買主が物品の運送について保険を掛けるために必要な情報であって自己が提供することのできるすべてのものを、買主に対して提供しなければならない。

第33条

売主は、次のいずれかの時期に物品を引き渡さなければならない。

(a) 期日が契約によって定められ、又は期日を契約から決定することができる場合には、その期日

(b) 期間が契約によって定められ、又は期間を契約から決定することができる場合には、買主が引渡しの日を選択すべきことを状況が示していない限り、その期間内のいずれかの時

(c) その他の場合には、契約の締結後の合理的な期間内

第34条

売主は、物品に関する書類を交付する義務を負う場合には、契約に定める時期及び場所において、かつ、契約に定める方式により、当該書類を交付しなければならない。売主は、その時期より前に当該書類を交付した場合において、買主に不合理な不便又は不合理な費用を生じさせないときは、その時期まで、当該書類の不適合を追完することができる。ただし、買主は、この条約に規定する損害賠償の請求をする権利を保持する。

第２節　物品の適合性及び第三者の権利又は請求

第35条

(1) 売主は、契約に定める数量、品質及び種類に適合し、かつ、契約に定める方法で収納され、又は包装された物品を引き渡さなければならない。

(2) 当事者が別段の合意をした場合を除くほか、物品は、次の要件を満たさない限り、契約に適合しないものとする。

(a) 同種の物品が通常使用されるであろう目的に適したものであること。

(b) 契約の締結時に売主に対して明示的又は黙示的に知らされていた特定の目的に適したものであること。ただし、状況からみて、買主が売主の技能及び判断に依存せず、又は依存することが不合理であった場合は、この限りでない。

(c) 売主が買主に対して見本又はひな形として示した物品と同じ品質を有するものであること。

(d) 同種の物品にとって通常の方法により、又はこのような方法がない場合にはその物品の保存及び保護に適した方法により、収納され、又は包装されていること。

(3) 買主が契約の締結時に物品の不適合を知り、又は知らないことはあり得なかった場合には、売主は、当該物品の不適合について(2)(a)から(d)までの規定に係る責任を負わない。

第36条

(1) 売主は、契約及びこの条約に従い、危険が買主に移転した時に存在していた不適合について責任を負うものとし、当該不適合が危険の移転した時の後に明らかになった場合においても責任を負う。

(2) 売主は、(1)に規定する時の後に生じた不適合であって、自己の義務違反（物品が一定

の期間通常の目的若しくは特定の目的に適し、又は特定の品質若しくは特性を保持するとの保証に対する違反を含む。）によって生じたものについても責任を負う。

＊＊＊＊

第38条

(1) 買主は、状況に応じて実行可能な限り短い期間内に、物品を検査し、又は検査させなければならない。

(2) 契約が物品の運送を伴う場合には、検査は、物品が仕向地に到達した後まで延期することができる。

(3) 買主が自己による検査のための合理的な機会なしに物品の運送中に仕向地を変更し、又は物品を転送した場合において、売主が契約の締結時にそのような変更又は転送の可能性を知り、又は知っているべきであったときは、検査は、物品が新たな仕向地に到達した後まで延期することができる。

第39条

(1) 買主は、物品の不適合を発見し、又は発見すべきであった時から合理的な期間内に売主に対して不適合の性質を特定した通知を行わない場合には、物品の不適合を援用する権利を失う。

(2) 買主は、いかなる場合にも、自己に物品が現実に交付された日から２年以内に売主に対して(1)に規定する通知を行わないときは、この期間制限と契約上の保証期間とが一致しない場合を除くほか、物品の不適合を援用する権利を失う。

第40条

物品の不適合が、売主が知り、又は知らないことはあり得なかった事実であって、売主が買主に対して明らかにしなかったものに関するものである場合には、売主は、前２条の規定に依拠することができない。

第41条

売主は、買主が第三者の権利又は請求の対象となっている物品を受領することに同意した場合を除くほか、そのような権利又は請求の対象となっていない物品を引き渡さなければならない。ただし、当該権利又は請求が工業所有権その他の知的財産権に基づくものである場合には、売主の義務は、次条の規定によって規律される。

第42条

(1) 売主は、自己が契約の締結時に知り、又は知らないことはあり得なかった工業所有権その他の知的財産権に基づく第三者の権利又は請求の対象となっていない物品を引き渡さなければならない。ただし、そのような権利又は請求が、次の国の法の下での工業所有権その他の知的財産権に基づく場合に限る。

(a) ある国において物品が転売され、又は他の方法によって使用されることを当事者双方が契約の締結時に想定していた場合には、当該国の法

(b) その他の場合には、買主が営業所を有する国の法

(2) 売主は、次の場合には、(1)の規定に基づく義務を負わない。

(a) 買主が契約の締結時に(1)に規定する権利又は請求を知り、又は知らないことはあり得なかった場合

(b) (1)に規定する権利又は請求が、買主の提供した技術的図面、設計、製法その他の指定に売主が従ったことによって生じた場合

第43条

(1) 買主は、第三者の権利又は請求を知り、又は知るべきであった時から合理的な期間内に、売主に対してそのような権利又は請求の性質を特定した通知を行わない場合には、前２条の規定に依拠する権利を失う。

(2) 売主は、第三者の権利又は請求及びその性質を知っていた場合には、(1)の規定に依拠することができない。

第44条

第39条(1)及び前条(1)の規定にかかわらず、買主は、必要とされる通知を行わなかったことについて合理的な理由を有する場合には、第50条の規定に基づき代金を減額し、又は損

害賠償（得るはずであった利益の喪失の賠償を除く。）の請求をすることができる。

第３節　売主による契約違反についての救済

第45条

⑴　買主は、売主が契約又はこの条約に基づく義務を履行しない場合には、次のことを行うことができる。

　⒜　次条から第52条までに規定する権利を行使すること。

　⒝　第74条から第77条までの規定に従って損害賠償の請求をすること。

⑵　買主は、損害賠償の請求をする権利を、その他の救済を求める権利の行使によって奪われない。

⑶　買主が契約違反についての救済を求める場合には、裁判所又は仲裁廷は、売主に対して猶予期間を与えることができない。

第46条

⑴　買主は、売主に対してその義務の履行を請求することができる。ただし、買主がその請求と両立しない救済を求めた場合は、この限りでない。

⑵　買主は、物品が契約に適合しない場合には、代替品の引渡しを請求することができる。ただし、その不適合が重大な契約違反となり、かつ、その請求を第39条に規定する通知の際に又はその後の合理的な期間内に行う場合に限る。

⑶　買主は、物品が契約に適合しない場合には、すべての状況に照らして不合理であるときを除くほか、売主に対し、その不適合を修補によって追完することを請求することができる。その請求は、第39条に規定する通知の際に又はその後の合理的な期間内に行わなければならない。

第47条

⑴　買主は、売主による義務の履行のために合理的な長さの付加期間を定めることができる。

⑵　買主は、⑴の規定に基づいて定めた付加期間内に履行をしない旨の通知を売主から受けた場合を除くほか、当該付加期間内は、契約違反についてのいかなる救済も求めることができない。ただし、買主は、これにより、履行の遅滞について損害賠償の請求をする権利を奪われない。

第48条

⑴　次条の規定が適用される場合を除くほか、売主は、引渡しの期日後も、不合理に遅滞せず、かつ、買主に対して不合理な不便又は買主の支出した費用につき自己から償還を受けることについての不安を生じさせない場合には、自己の費用負担によりいかなる義務の不履行も追完することができる。ただし、買主は、この条約に規定する損害賠償の請求をする権利を保持する。

⑵　売主は、買主に対して履行を受け入れるか否かについて知らせることを要求した場合において、買主が合理的な期間内にその要求に応じないときは、当該要求において示した期間内に履行をすることができる。買主は、この期間中、売主による履行と両立しない救済を求めることができない。

⑶　一定の期間内に履行をする旨の売主の通知は、⑵に規定する買主の選択を知らせることの要求を含むものと推定する。

⑷　⑵又は⑶に規定する売主の要求又は通知は、買主がそれらを受けない限り、その効力を生じない。

第49条

⑴　買主は、次のいずれかの場合には、契約の解除の意思表示をすることができる。

　⒜　契約又はこの条約に基づく売主の義務の不履行が重大な契約違反となる場合

　⒝　引渡しがない場合において、買主が第47条⑴の規定に基づいて定めた付加期間内に売主が物品を引き渡さず、又は売主が当該付加期間内に引き渡さない旨の意思表示をしたとき。

⑵　買主は、売主が物品を引き渡した場合には、次の期間内に契約の解除の意思表示をし

ない限り、このような意思表示をする権利を失う。

(a) 引渡しの遅滞については、買主が引渡しが行われたことを知った時から合理的な期間内

(b) 引渡しの遅滞を除く違反については、次の時から合理的な期間内

(i) 買主が当該違反を知り、又は知るべきであった時

(ii) 買主が第47条(1)の規定に基づいて定めた付加期間を経過した時又は売主が当該付加期間内に義務を履行しない旨の意思表示をした時

(iii) 売主が前条(2)の規定に基づいて示した期間を経過した時又は買主が履行を受け入れない旨の意思表示をした時

第50条

物品が契約に適合しない場合には、代金が既に支払われたか否かを問わず、買主は、現実に引き渡された物品が引渡時において有した価値が契約に適合する物品であったとしたならば当該引渡時において有したであろう価値に対して有する割合と同じ割合により、代金を減額することができる。ただし、売主が第37条若しくは第48条の規定に基づきその義務の不履行を追完した場合又は買主がこれらの規定に基づく売主による履行を受け入れることを拒絶した場合には、買主は、代金を減額することができない。

第51条

(1) 売主が物品の一部のみを引き渡した場合又は引き渡した物品の一部のみが契約に適合する場合には、第46条から前条までの規定は、引渡しのない部分又は適合しない部分について適用する。

(2) 買主は、完全な引渡し又は契約に適合した引渡しが行われないことが重大な契約違反となる場合に限り、その契約の全部を解除する旨の意思表示をすることができる。

第52条

(1) 売主が定められた期日前に物品を引き渡す場合には、買主は、引渡しを受領し、又はその受領を拒絶することができる。

(2) 売主が契約に定める数量を超過する物品を引き渡す場合には、買主は、超過する部分の引渡しを受領し、又はその受領を拒絶することができる。買主は、超過する部分の全部又は一部の引渡しを受領した場合には、その部分について契約価格に応じて代金を支払わなければならない。

第3章　買主の義務

第53条

買主は、契約及びこの条約に従い、物品の代金を支払い、及び物品の引渡しを受領しなければならない。

第1節　代金の支払

第54条

代金を支払う買主の義務には、支払を可能とするため、契約又は法令に従って必要とされる措置をとるとともに手続を遵守することを含む。

第55条

契約が有効に締結されている場合において、当該契約が明示的又は黙示的に、代金を定めず、又は代金の決定方法について規定していないときは、当事者は、反対の意思を示さない限り、関係する取引分野において同様の状況の下で売却された同種の物品について、契約の締結時に一般的に請求されていた価格を黙示的に適用したものとする。

第56条

代金が物品の重量に基づいて定められる場合において、疑義があるときは、代金は、正味重量によって決定する。

第57条

(1) 買主は、次の(a)又は(b)に規定する場所以外の特定の場所において代金を支払う義務を負わない場合には、次のいずれかの場所において売主に対して代金を支払わなければならない。

(a)　売主の営業所

(b)　物品又は書類の交付と引換えに代金を支払うべき場合には、当該交付が行われる場所

(2)　[省略]

第58条

(1)　買主は、いずれか特定の期日に代金を支払う義務を負わない場合には、売主が契約及びこの条約に従い物品又はその処分を支配する書類を買主の処分にゆだねた時に代金を支払わなければならない。売主は、その支払を物品又は書類の交付の条件とすることができる。

(2)　売主は、契約が物品の運送を伴う場合には、代金の支払と引換えでなければ物品又はその処分を支配する書類を買主に交付しない旨の条件を付して、物品を発送することができる。

(3)　買主は、物品を検査する機会を有する時まで代金を支払う義務を負わない。ただし、当事者の合意した引渡し又は支払の手続が、買主がそのような機会を有することと両立しない場合は、この限りでない。

第59条

売主によるいかなる要求又はいかなる手続の遵守も要することなく、買主は、契約若しくはこの条約によって定められた期日又はこれらから決定することができる期日に代金を支払わなければならない。

第2節　引渡しの受領

第60条

引渡しを受領する買主の義務は、次のことから成る。

(a)　売主による引渡しを可能とするために買主に合理的に期待することのできるすべての行為を行うこと。

(b)　物品を受け取ること。

第3節　買主による契約違反についての救済

第61条

(1)　売主は、買主が契約又はこの条約に基づく義務を履行しない場合には、次のことを行うことができる。

(a)　次条から第65条までに規定する権利を行使すること。

(b)　第74条から第77条までの規定に従って損害賠償の請求をすること。

(2)　売主は、損害賠償の請求をする権利を、その他の救済を求める権利の行使によって奪われない。

(3)　売主が契約違反についての救済を求める場合には、裁判所又は仲裁廷は、買主に対して猶予期間を与えることができない。

第62条

売主は、買主に対して代金の支払、引渡しの受領その他の買主の義務の履行を請求することができる。ただし、売主がその請求と両立しない救済を求めた場合は、この限りでない。

第63条

＊＊＊＊

第4章　危険の移転

第66条

買主は、危険が自己に移転した後に生じた物品の滅失又は損傷により、代金を支払う義務を免れない。ただし、その滅失又は損傷が売主の作為又は不作為による場合は、この限りでない。

第67条

(1)　売買契約が物品の運送を伴う場合において、売主が特定の場所において物品を交付する義務を負わないときは、危険は、売買契約に従って買主に送付するために物品を最初の運送人に交付した時に買主に移転する。売主が特定の場所において物品を運送人に交付する義務を負うときは、危険は、物品をその場所において運送人に交付する時まで買主に移転しない。売主が物品の処分を支配する書類

を保持することが認められている事実は、危険の移転に影響を及ぼさない。
(2) (1)の規定にかかわらず、危険は、荷印、船積書類、買主に対する通知又は他の方法のいずれによるかを問わず、物品が契約上の物品として明確に特定される時まで買主に移転しない。

＊＊＊＊

第70条

売主が重大な契約違反を行った場合には、前３条の規定は、買主が当該契約違反を理由として求めることができる救済を妨げるものではない。

第５章　売主及び買主の義務に共通する規定

第１節　履行期前の違反及び分割履行契約

第71条

＊＊＊＊

第72条

(1) 当事者の一方は、相手方が重大な契約違反を行うであろうことが契約の履行期日前に明白である場合には、契約の解除の意思表示をすることができる。
(2) 時間が許す場合には、契約の解除の意思表示をする意図を有する当事者は、相手方がその履行について適切な保証を提供することを可能とするため、当該相手方に対して合理的な通知を行わなければならない。
(3) (2)の規定は、相手方がその義務を履行しない旨の意思表示をした場合には、適用しない。

＊＊＊＊＊

第２節　損害賠償

第74条

当事者の一方による契約違反についての損害賠償の額は、当該契約違反により相手方が被った損失（得るはずであった利益の喪失を含む。）に等しい額とする。そのような損害賠償の額は、契約違反を行った当事者が契約の締結時に知り、又は知っているべきであった事実及び事情に照らし、当該当事者が契約違反から生じ得る結果として契約の締結時に予見し、又は予見すべきであった損失の額を超えることができない。

＊＊＊＊

第77条

契約違反を援用する当事者は、当該契約違反から生ずる損失（得るはずであった利益の喪失を含む。）を軽減するため、状況に応じて合理的な措置をとらなければならない。当該当事者がそのような措置をとらなかった場合には、契約違反を行った当事者は、軽減されるべきであった損失額を損害賠償の額から減額することを請求することができる。

＊＊＊＊

第３節　利息

＊＊＊＊

第４節　免責

第79条

(1) 当事者は、自己の義務の不履行が自己の支配を超える障害によって生じたこと及び契約の締結時に当該障害を考慮することも、当該障害又はその結果を回避し、又は克服することも自己に合理的に期待することができなかったことを証明する場合には、その不履行について責任を負わない。
(2) 当事者は、契約の全部又は一部を履行するために自己の使用した第三者による不履行により自己の不履行が生じた場合には、次の(a)及び(b)の要件が満たされるときに限り、責任を免れる。
　(a) 当該当事者が(1)の規定により責任を免れること。
　(b) 当該当事者の使用した第三者に(1)の規定を適用するとしたならば、当該第三者が責任を免れるであろうこと。
(3) この条に規定する免責は、(1)に規定する障害が存在する間、その効力を有する。
(4) 履行をすることができない当事者は、相手方に対し、(1)に規定する障害及びそれが自己の履行をする能力に及ぼす影響について通知しなければならない。当該当事者は、自己がその障害を知り、又は知るべきであった時から合理的な期間内に相手方がその通知を受けなかった場合には、それを受けなかったことによって生じた損害を賠償する責任を負う。

(5) この条の規定は、当事者が損害賠償の請求をする権利以外のこの条約に基づく権利を行使することを妨げない。

＊＊＊＊

第５節　解除の効果

第81条

(1) 当事者双方は、契約の解除により、損害を賠償する義務を除くほか、契約に基づく義務を免れる。契約の解除は、紛争解決のための契約条項又は契約の解除の結果生ずる当事者の権利及び義務を規律する他の契約条項に影響を及ぼさない。

(2) 契約の全部又は一部を履行した当事者は、相手方に対し、自己がその契約に従って供給し、又は支払ったものの返還を請求することができる。当事者双方が返還する義務を負う場合には、当事者双方は、それらの返還を同時に行わなければならない。

＊＊＊＊

第４部　最終規定

＊＊＊＊

第95条

いずれの国も、批准書、受諾書、承認書又は加入書の寄託の時に、第１条(1)(b)の規定に拘束されないことを宣言することができる。

第96条

売買契約が書面によって締結され、又は証明されるべきことを自国の法令に定めている締約国は、売買契約、合意によるその変更若しくは終了又は申込み、承諾その他の意思表示を書面による方法以外の方法で行うことを認める第11条、第29条又は第２部のいかなる規定も、当事者のいずれかが当該締約国に営業所を有する場合には第12条の規定に従って適用しないことを、いつでも宣言することができる。

●資料２●
国際海上物品運送法（抜粋）
（昭和32年法律第172号）

（適用範囲）

第１条　この法律（第16条を除く。）の規定は船舶による物品運送で船積港又は陸揚港が本邦外にあるものに、同条の規定は運送人及びその被用者の不法行為による損害賠償の責任に適用する。（定義）

第２条　この法律において「船舶」とは、商法（明治32年法律第48号）第684条に規定する船舶をいう。

２　この法律において「運送人」とは、前条の運送を引き受ける者をいう。

３　この法律において「荷送人」とは、前条の運送を委託する者をいう。

４　この法律において「１計算単位」とは、国際通貨基金協定第３条第１項に規定する特別引出権による１特別引出権に相当する金額をいう。

（運送品に関する注意義務）

第３条　運送人は、自己又はその使用する者が運送品の受取、船積、積付、運送、保管、荷揚及び引渡につき注意を怠つたことにより生じた運送品の滅失、損傷又は延着について、損害賠償の責を負う。

２　前項の規定は、船長、海員、水先人その他運送人の使用する者の航行若しくは船舶の取扱に関する行為又は船舶における火災（運送人の故意又は過失に基くものを除く。）により生じた損害には、適用しない。

第４条　運送人は、前条の注意が尽されたことを証明しなければ、同条の責を免かれることができない。

2　運送人は、次の事実があつたこと及び運送品に関する損害がその事実により通常生ずべきものであることを証明したときは、前項の規定にかかわらず、前条の責を免かれる。ただし、同条の注意が尽されたならばその損害を避けることができたにかかわらず、その注意が尽されなかつたことの証明があつたときは、この限りでない。

一　海上その他可航水域に特有の危険

二　天災

三　戦争、暴動又は内乱

四　海賊行為その他これに準ずる行為

五　裁判上の差押、検疫上の制限その他公権力による処分

六　荷送人若しくは運送品の所有者又はその使用する者の行為

七　同盟罷業、怠業、作業所閉鎖その他の争議行為

八　海上における人命若しくは財産の救助行為又はそのためにする離路若しくはその他の正当な理由に基く離路

九　運送品の特殊な性質又は隠れた欠陥

十　運送品の荷造又は記号の表示の不完全

十一　起重機その他これに準ずる施設の隠れた欠陥

3　前項の規定は、商法第760条の規定の適用を妨げない。

(航海に堪える能力に関する注意義務)

第5条　運送人は、発航の当時次に掲げる事項を欠いたことにより生じた運送品の滅失、損傷又は延着について、損害賠償の責任を負う。ただし、運送人が自己及びその使用する者がその当時当該事項について注意を怠らなかつたことを証明したときは、この限りでない。

一　船舶を航海に堪える状態に置くこと。

二　船員の乗組み、船舶の艤ぎ装及び需品の補給を適切に行うこと。

三　船倉、冷蔵室その他運送品を積み込む場所を運送品の受入れ、運送及び保存に適する状態に置くこと。

＊＊＊＊

(荷受人等の通知義務)

第7条　荷受人又は船荷証券所持人は、運送品の一部滅失又は損傷があつたときは、受取の際運送人に対しその滅失又は損傷の概況につき書面による通知を発しなければならない。ただし、その滅失又は損傷が直ちに発見することができないものであるときは、受取の日から3日以内にその通知を発すれば足りる。

2　前項の通知がなかつたときは、運送品は、滅失及び損傷がなく引き渡されたものと推定する。

3　前2項の規定は、運送品の状態が引渡しの際当事者の立会いによつて確認された場合には、適用しない。

4　運送品につき滅失又は損傷が生じている疑いがあるときは、運送人と荷受人又は船荷証券所持人とは、相互に、運送品の点検のため必要な便宜を与えなければならない。

(損害賠償の額)

第8条　運送品に関する損害賠償の額は、荷揚げされるべき地及び時における運送品の市場価格（取引所の相場がある物品については、その相場）によつて定める。ただし、市場価格がないときは、その地及び時における同種類で同一の品質の物品の正常な価格によつて定める。

2　商法第576条第2項の規定は、前項の場合に準用する。

(責任の限度)

第9条　運送品に関する運送人の責任は、次に掲げる金額のうちいずれか多い金額を限度とする。

一　滅失、損傷又は延着に係る運送品の包又は単位の数に1計算単位の666・67倍を乗じて得た金額

二　前号の運送品の総重量について1キログラムにつき1計算単位の2倍を乗じて得た金額

2　前項各号の1計算単位は、運送人が運送

品に関する損害を賠償する日において公表されている最終のものとする。
3　運送品がコンテナー、パレットその他これらに類する輸送用器具（以下この項において「コンテナー等」という。）を用いて運送される場合における第1項の規定の適用については、その運送品の包若しくは個品の数又は容積若しくは重量が船荷証券又は海上運送状に記載されているときを除き、コンテナー等の数を包又は単位の数とみなす。
4　［省略］
5　前各項の規定は、運送品の種類及び価額が、運送の委託の際荷送人により通告され、かつ、船荷証券が交付されるときは、船荷証券に記載されている場合には、適用しない。
6　前項の場合において、荷送人が実価を著しく超える価額を故意に通告したときは、運送人は、運送品に関する損害については、賠償の責任を負わない。
7　第5項の場合において、荷送人が実価より著しく低い価額を故意に通告したときは、その価額は、運送品に関する損害については、運送品の価額とみなす。
8　前2項の規定は、運送人に悪意があつた場合には、適用しない。
（損害賠償の額及び責任の限度の特例）
第10条　運送人は、運送品に関する損害が、自己の故意により、又は損害の発生のおそれがあることを認識しながらした自己の無謀な行為により生じたものであるときは、第8条及び前条第1項から第4項までの規定にかかわらず、一切の損害を賠償する責任を負う。
（特約禁止）
第11条　第3条から第5条まで若しくは第7条から前条まで又は商法第585条、第759条若しくは第760条の規定に反する特約で、荷送人、荷受人又は船荷証券所持人に不利益なものは、無効とする。運送品の保険契約によつて生ずる権利を運送人に譲渡する契約その他これに類似する契約も、同様とする。
2　前項の規定は、運送人に不利益な特約をすることを妨げない。この場合には、荷送人は、船荷証券にその特約を記載すべきことを請求することができる。
3　［省略］
4　［省略］
＊＊＊＊
（商法の適用）
第15条　第1条の運送には、商法第575条、第576条、第584条、第587条、第588条、第739条第1項（同法第756条第1項において準用する場合を含む。）及び第2項、第756条第2項並びに第769条の規定を除き、同法第2編第8章第2節及び第3編第3章の規定を適用する。
＊＊＊＊

●資料3●
法の適用に関する通則法（抜粋）
（平成18年法律第78号）

＊＊＊＊
（人の行為能力）
第4条　人の行為能力は、その本国法によって定める。
2　法律行為をした者がその本国法によれば行為能力の制限を受けた者となるときであっても行為地法によれば行為能力者となるべきときは、当該法律行為の当時そのすべての当事者が法を同じくする地に在った場合に限り、当該法律行為をした者は、前項の規定にかかわらず、行為能力者とみなす。
3　前項の規定は、親族法又は相続法の規定によるべき法律行為及び行為地と法を異にする地に在る不動産に関する法律行為については、適用しない。
＊＊＊＊
（当事者による準拠法の選択）
第7条　法律行為の成立及び効力は、当事者が当該法律行為の当時に選択した地の法による。
（当事者による準拠法の選択がない場合）
第8条　前条の規定による選択がないとき

は、法律行為の成立及び効力は、当該法律行為の当時において当該法律行為に最も密接な関係がある地の法による。
2　前項の場合において、法律行為において特徴的な給付を当事者の一方のみが行うものであるときは、その給付を行う当事者の常居所地法（その当事者が当該法律行為に関係する事業所を有する場合にあっては当該事業所の所在地の法、その当事者が当該法律行為に関係する2以上の事業所で法を異にする地に所在するものを有する場合にあってはその主たる事業所の所在地の法）を当該法律行為に最も密接な関係がある地の法と推定する。
3　第1項の場合において、不動産を目的物とする法律行為については、前項の規定にかかわらず、その不動産の所在地法を当該法律行為に最も密接な関係がある地の法と推定する。
＊＊＊＊
（法律行為の方式）
第10条　法律行為の方式は、当該法律行為の成立について適用すべき法（当該法律行為の後に前条の規定による変更がされた場合にあっては、その変更前の法）による。
2　前項の規定にかかわらず、行為地法に適合する方式は、有効とする。
3　［省略］
4　法を異にする地に在る者の間で締結された契約の方式については、前2項の規定は、適用しない。この場合においては、第1項の規定にかかわらず、申込みの通知を発した地の法又は承諾の通知を発した地の法のいずれかに適合する契約の方式は、有効とする。
5　前3項の規定は、動産又は不動産に関する物権及びその他の登記をすべき権利を設定し又は処分する法律行為の方式については、適用しない。
（消費者契約の特例）
第11条　消費者（個人（事業として又は事業のために契約の当事者となる場合におけるものを除く。）をいう。以下この条において同じ。）と事業者（法人その他の社団又は財団及び事業として又は事業のために契約の当事者となる場合における個人をいう。以下この条において同じ。）との間で締結される契約（労働契約を除く。以下この条において「消費者契約」という。）の成立及び効力について第7条又は第9条の規定による選択又は変更により適用すべき法が消費者の常居所地法以外の法である場合であっても、消費者がその常居所地法中の特定の強行規定を適用すべき旨の意思を事業者に対し表示したときは、当該消費者契約の成立及び効力に関しその強行規定の定める事項については、その強行規定をも適用する。
2　消費者契約の成立及び効力について第7条の規定による選択がないときは、第8条の規定にかかわらず、当該消費者契約の成立及び効力は、消費者の常居所地法による。
3　消費者契約の成立について第7条の規定により消費者の常居所地法以外の法が選択された場合であっても、当該消費者契約の方式について消費者がその常居所地法中の特定の強行規定を適用すべき旨の意思を事業者に対し表示したときは、前条第1項、第2項及び第4項の規定にかかわらず、当該消費者契約の方式に関しその強行規定の定める事項については、専らその強行規定を適用する。
4　消費者契約の成立について第7条の規定により消費者の常居所地法が選択された場合において、当該消費者契約の方式について消費者が専らその常居所地法によるべき旨の意思を事業者に対し表示したときは、前条第2項及び第4項の規定にかかわらず、当該消費者契約の方式は、専ら消費者の常居所地法による。
5　消費者契約の成立について第7条の規定による選択がないときは、前条第1項、第2項及び第4項の規定にかかわらず、当該消費者契約の方式は、消費者の常居所地法による。
6　前各項の規定は、次のいずれかに該当する場合には、適用しない。
　一　事業者の事業所で消費者契約に関係するものが消費者の常居所地と法を異にする地に所在した場合であって、消費者が当該事業所の所在地と法を同じくする地に赴いて当該消費者契約を締結したとき。ただし、消費者が、当該事業者から、当該事業所の所在地と法を同じくする地において消費者契約を締結することについての勧誘をその常居所地において受けていたときを除く。
　二　事業者の事業所で消費者契約に関係するものが消費者の常居所地と法を異にする地に所在した場合であって、消費者が当該事業所の所在地と法を同じくする地において当該消費者契約に基づく債務の全部の履行を受けたとき、又は受けることとされていたとき。ただし、消費者が、当該事業者から、当該事業所の所在地と法を同じくする地において債務の全部の履行を受けることについての勧誘をその常居所地において受けていたときを除く。
　三　消費者契約の締結の当時、事業者が、消費者の常居所を知らず、かつ、知らなかったことについて相当の理由があるとき。
　四　消費者契約の締結の当時、事業者が、その相手方が消費者でないと誤認し、かつ、誤認したことについて相当の理由があるとき。

＊＊＊＊

（物権及びその他の登記をすべき権利）
第13条　動産又は不動産に関する物権及びその他の登記をすべき権利は、その目的物の所在地法による。
2　前項の規定にかかわらず、同項に規定する権利の得喪は、その原因となる事実が完成した当時におけるその目的物の所在地法による。

＊＊＊＊

（不法行為）
第17条　不法行為によって生ずる債権の成立及び効力は、加害行為の結果が発生した地の法による。ただし、その地における結果の発生が通常予見することのできないものであったときは、加害行為が行われた地の法による。
（生産物責任の特例）
第18条　前条の規定にかかわらず、生産物（生産され又は加工された物をいう。以下この条において同じ。）で引渡しがされたものの瑕疵かしにより他人の生命、身体又は財産を侵害する不法行為によって生ずる生産業者（生産物を業として生産し、加工し、輸入し、輸出し、流通させ、又は販売した者をいう。以下この条において同じ。）又は生産物にその生産業者と認めることができる表示をした者（以下この条において「生産業者等」と総称する。）に対する債権の成立及び効力は、被害者が生産物の引渡しを受けた地の法による。ただし、その地における生産物の引渡しが通常予見することのできないものであったときは、生産業者等の主たる事業所の所在地の法（生産業者等が事業所を有しない場合にあっては、その常居所地法）による。

＊＊＊＊

（婚姻の効力）
第25条　婚姻の効力は、夫婦の本国法が同一であるときはその法により、その法がない場合において夫婦の常居所地法が同一であるときはその法により、そのいずれの法もないときは夫婦に最も密接な関係がある地の法による。

＊＊＊＊

（相続）
第36条　相続は、被相続人の本国法による。

＊＊＊＊

●資料４●
民事訴訟法（抜粋）
（平成８年法律第109号）

＊＊＊＊

（被告の住所等による管轄権）
第３条の２　裁判所は、人に対する訴えについて、その住所が日本国内にあるとき、住所がない場合又は住所が知れない場合にはその居所が日本国内にあるとき、居所がない場合又は居所が知れない場合には訴えの提起前に日本国内に住所を有していたとき（日本国内に最後に住所を有していた後に外国に住所を有していたときを除く。）は、管轄権を有する。

2 ［省略］

3 裁判所は、法人その他の社団又は財団に対する訴えについて、その主たる事務所又は営業所が日本国内にあるとき、事務所若しくは営業所がない場合又はその所在地が知れない場合には代表者その他の主たる業務担当者の住所が日本国内にあるときは、管轄権を有する。

（契約上の債務に関する訴え等の管轄権）

第3条の3 次の各号に掲げる訴えは、それぞれ当該各号に定めるときは、日本の裁判所に提起することができる。

一 契約上の債務の履行の請求を目的とする訴え又は契約上の債務に関して行われた事務管理若しくは生じた不当利得に係る請求、契約上の債務の不履行による損害賠償の請求その他契約上の債務に関する請求を目的とする訴え

契約において定められた当該債務の履行地が日本国内にあるとき、又は契約において選択された地の法によれば当該債務の履行地が日本国内にあるとき。

＊＊＊＊

三 財産権上の訴え

請求の目的が日本国内にあるとき、又は当該訴えが金銭の支払を請求するものである場合には差し押さえることができる被告の財産が日本国内にあるとき（その財産の価額が著しく低いときを除く。）。

四 事務所又は営業所を有する者に対する訴えでその事務所又は営業所における業務に関するもの

当該事務所又は営業所が日本国内にあるとき。

五 日本において事業を行う者（日本において取引を継続してする外国会社（会社法（平成17年法律第86号）第2条第2号に規定する外国会社をいう。）を含む。）に対する訴え

当該訴えがその者の日本における業務に関するものであるとき。

＊＊＊＊

八 不法行為に関する訴え

不法行為があった地が日本国内にあるとき（外国で行われた加害行為の結果が日本国内で発生した場合において、日本国内におけるその結果の発生が通常予見することのできないものであったときを除く。）。

＊＊＊＊

（消費者契約及び労働関係に関する訴えの管轄権）

第3条の4 消費者（個人（事業として又は事業のために契約の当事者となる場合におけるものを除く。）をいう。以下同じ。）と事業者（法人その他の社団又は財団及び事業として又は事業のために契約の当事者となる場合における個人をいう。以下同じ。）との間で締結される契約（労働契約を除く。以下「消費者契約」という。）に関する消費者からの事業者に対する訴えは、訴えの提起の時又は消費者契約の締結の時における消費者の住所が日本国内にあるときは、日本の裁判所に提起することができる。

2 労働契約の存否その他の労働関係に関する事項について個々の労働者と事業主との間に生じた民事に関する紛争（以下「個別労働関係民事紛争」という。）に関する労働者からの事業主に対する訴えは、個別労働関係民事紛争に係る労働契約における労務の提供の地（その地が定まっていない場合にあっては、労働者を雇い入れた事業所の所在地）が日本国内にあるときは、日本の裁判所に提起することができる。

3 消費者契約に関する事業者からの消費者

に対する訴え及び個別労働関係民事紛争に関する事業主からの労働者に対する訴えについては、前条の規定は、適用しない。
（管轄権の専属）
第3条の5　会社法第7編第2章に規定する訴え（同章第4節及び第6節に規定するものを除く。）、一般社団法人及び一般財団法人に関する法律（平成18年法律第48号）第6章第2節に規定する訴えその他これらの法令以外の日本の法令により設立された社団又は財団に関する訴えでこれらに準ずるものの管轄権は、日本の裁判所に専属する。2　登記又は登録に関する訴えの管轄権は、登記又は登録をすべき地が日本国内にあるときは、日本の裁判所に専属する。
3　知的財産権（知的財産基本法（平成14年法律第122号）第2条第2項に規定する知的財産権をいう。）のうち設定の登録により発生するものの存否又は効力に関する訴えの管轄権は、その登録が日本においてされたものであるときは、日本の裁判所に専属する。
（併合請求における管轄権）
第3条の6　一の訴えで数個の請求をする場合において、日本の裁判所が一の請求について管轄権を有し、他の請求について管轄権を有しないときは、当該一の請求と他の請求との間に密接な関連があるときに限り、日本の裁判所にその訴えを提起することができる。ただし、数人からの又は数人に対する訴えについては、第38条前段に定める場合に限る。
（管轄権に関する合意）
第3条の7　当事者は、合意により、いずれの国の裁判所に訴えを提起することができるかについて定めることができる。
2　前項の合意は、一定の法律関係に基づく訴えに関し、かつ、書面でしなければ、その効力を生じない。
3　第1項の合意がその内容を記録した電磁的記録（電子的方式、磁気的方式その他人の知覚によっては認識することができない方式で作られる記録であって、電子計算機による情報処理の用に供されるものをいう。以下同じ。）によってされたときは、その合意は、書面によってされたものとみなして、前項の規定を適用する。
4　外国の裁判所にのみ訴えを提起することができる旨の合意は、その裁判所が法律上又は事実上裁判権を行うことができないときは、これを援用することができない。
5　将来において生ずる消費者契約に関する紛争を対象とする第1項の合意は、次に掲げる場合に限り、その効力を有する。
一　消費者契約の締結の時において消費者が住所を有していた国の裁判所に訴えを提起することができる旨の合意（その国の裁判所にのみ訴えを提起することができる旨の合意については、次号に掲げる場合を除き、その国以外の国の裁判所にも訴えを提起することを妨げない旨の合意とみなす。）であるとき。
二　消費者が当該合意に基づき合意された国の裁判所に訴えを提起したとき、又は事業者が日本若しくは外国の裁判所に訴えを提起した場合において、消費者が当該合意を援用したとき。
6　将来において生ずる個別労働関係民事紛争を対象とする第1項の合意は、次に掲げる場合に限り、その効力を有する。
一　労働契約の終了の時にされた合意であって、その時における労務の提供の地がある国の裁判所に訴えを提起することができる旨を定めたもの（その国の裁判所にのみ訴えを提起することができる旨の合意については、次号に掲げる場合を除き、その国以外の国の裁判所にも訴えを提起することを妨げない旨の合意とみなす。）であるとき。
二　労働者が当該合意に基づき合意された国の裁判所に訴えを提起したとき、又は事業主が日本若しくは外国の裁判所に訴えを提起した場合において、労働者が当該合意を援用したとき。
（応訴による管轄権）
第3条の8　被告が日本の裁判所が管轄権を

有しない旨の抗弁を提出しないで本案について弁論をし、又は弁論準備手続において申述をしたときは、裁判所は、管轄権を有する。
（特別の事情による訴えの却下）
第3条の9　裁判所は、訴えについて日本の裁判所が管轄権を有することとなる場合（日本の裁判所にのみ訴えを提起することができる旨の合意に基づき訴えが提起された場合を除く。）においても、事案の性質、応訴による被告の負担の程度、証拠の所在地その他の事情を考慮して、日本の裁判所が審理及び裁判をすることが当事者間の衡平を害し、又は適正かつ迅速な審理の実現を妨げることとなる特別の事情があると認めるときは、その訴えの全部又は一部を却下することができる。
（管轄権が専属する場合の適用除外）
第3条の10　第3条の2から第3条の4まで及び第3条の6から前条までの規定は、訴えについて法令に日本の裁判所の管轄権の専属に関する定めがある場合には、適用しない。
＊＊＊＊
（外国裁判所の確定判決の効力）
第118条　外国裁判所の確定判決は、次に掲げる要件のすべてを具備する場合に限り、その効力を有する。
　一　法令又は条約により外国裁判所の裁判権が認められること。
　二　敗訴の被告が訴訟の開始に必要な呼出し若しくは命令の送達（公示送達その他これに類する送達を除く。）を受けたこと又はこれを受けなかったが応訴したこと。
　三　判決の内容及び訴訟手続が日本における公の秩序又は善良の風俗に反しないこと。
　四　相互の保証があること。

●資料5●船荷証券のイメージ（表面）

船荷証券番号
123456789

運送人

〇〇海運株式会社

荷送人

〇×貿易株式会社

船荷証券

荷受人

荷送人が指図した者

荷受け地から荷渡し地までにおける運送品の運送は、この船荷証券に記載された条件に従う。

荷受け地
博多港（日本）

船名
西南丸

船積み港
博多港（日本）

船荷証券の条項は、裏面に続く

陸揚げ港
上海港（中国）

荷渡し地
上海港（中国）

運送品の明細	総重量	容積
光ファイバー原材料：オプチカル・ファイバーZ	700キログラム	1.4立方メートル

信用状番号：987654
インボイス番号：TN1357

コンテナまたはパッケージの個数：20

船荷証券の発行の地と日付け
福岡（日本）、20XX年〇月△日

運賃

運賃支払い済み

船積みの日付

20XX年〇月△日

以上の通り、船積みされた。

署名

（裏面）

第1条（定義）
「運送人」とは、〇〇海運株式会社のことをいう。
「運送品」とは、荷主が委託した貨物を意味し、コンテナおよび運送用器具を含む。
……
「国際海上物品運送法」とは、2018年5月25日に改正した日本の「国際海上物品運送法」（平成30 年法律第29 号）をいう。
「ハーグ・ルール」とは、1924年8月25日にブリュッセルで調印された「船荷証券に関するある規則の統一のための国際条約」をいう。
「ハーグ・ヴィスビー・ルール」とは、1968年2月23日にブリュッセルで採択された「船荷証券に関するある規則の統一のための国際条約の改正議定書」によって改正されたハーグ・ルールをいう。
……
「船積み港」とは、運送品が本船に積まれる港をいう。
「荷揚げ港」とは、運送品が本船から陸揚げされる港をいう。
「荷受け地」とは、運送品が運送人によって運送のために受け取られた場所をいう。
「荷渡し地」とは、運送品が運送人によって荷主に引き渡される場所をいう。
……

第2条 ……

第3条 ……

第4条 ……

第5条（運送人の責任）
運送人は、運送品の受取りから荷主への引渡しまでの間において注意を怠ったことにより生じた運送品の滅失または損傷について、損害賠償の責任を負う。
……

第6条 ……

第7条（運賃）
運賃は、運送人が運送品を受け取った時に発生し、支払われるべきものとし、支払われた運賃は、いかなる理由があろうとも払戻しをしない。
……

第8条 ……

第9条（物品の検査）
運送人は、いつでもコンテナまたはパッケージを開封し、運送品を検査、再計量、再計測または再梱包することができる。
……

第10条 ……

第11条 ……

第12条 ……

第13条（生動物）
運送人は、運送をする生動物の傷害、疾病、または死亡について責任を負わない。
……

第14条 ……

第15条 ……

第16条（危険物）
運送人は、爆発性、引火性、放射性、腐食性、有害性または有毒性のある物品については、予め荷主からその旨を記した書面による申告がなされ、これを運送人が承認した場合にのみ、その運送を引き受ける。
……

第17条 ……

第18条（運送の方法および経路）
運送人は、いつでも、かつ、荷主に通知することなく、次に掲げることを行うことができる。
(a)あらゆる運送手段の利用
……

第19条 ……

第20条（運送品の状態に影響される運送）
運送品が安全または適切に運送されることができない場合には、運送人は、最も適切であると考える方法をとることができる。
……

第21条（共同海損および救助）
共同海損は、1974年のヨーク＝アントワープ規則（1990年の改正によるもの）に従って精算される。
……

第22条 ……

第23条（通知および引渡し）
運送人は、船側、倉庫、ふ頭、岸壁またはこの船荷証券の表面に記載されている陸揚げ港もしくは荷渡し地であって運送人が指定した場所において物品を引き渡すことができる。
……

第24条 ……

第25条（準拠法と裁判管轄権）
この船荷証券に基づく運送契約は、この船荷証券に特段の定めがない限り、日本法によって規律される。この運送契約に基づいて運送人に対して提起されるすべての訴えは、日本の福岡地方裁判所の管轄権に専属するものとする。運送人によって提起される訴えであって、この船荷証券の条項を実現するものは、運送人の選択に従い、管轄権を有する裁判所において提起できるものとする。
……

第26条（契約の変更）
この船荷証券の条項の変更は、運送人が書面によってこれを承認した場合に、効力を有する。
……

第27条 ……

第28条（有効性）
この船荷証券の条項が、適用される国際条約または国内法（私人による契約によってその適用を回避できないものに限る）と相容れない場合、その条項は、相容れない限度において無効とする。
……

第29条 ……

第30条 ……

●資料6●貨物海上保険証券のイメージ（表面）

△△損害保険株式会社
（住所）

保険契約者
〇×貿易株式会社

インボイス番号
TN1357

保険証券番号
111-4447777

保険金額
150万米ドル

保険金支払地
上海

保険条件
2009年ICC（A）

船名
西南丸

船積み地
博多港（日本）

出港日
20XX年〇月△日

仕向け地
上海港（中国）

荷渡し地
上海港（中国）

運送品の明細

光ファイバー原材料：オプチカル・ファイバーZ

20個

700キログラム

保険証券の発行の地と日付け
福岡（日本）、20XX年◇月×日

保険事故が発生した場合における重要な手続
……………………………
……………………………
……………………………
……………………………
……………………………
……………………………

この保険証券に特段の定めがない限り、この保険契約の解釈および保険金の支払いに関しては、イギリスの法と慣習によって判断される。
……………………………………………………………………………………
……………………………………………………………………………………
……………………………………………………………………………………
……………………………………………………………………………………
……………………………………………………………………………………
……………………………………………………………………………………

署名

（裏面）

2009年ICC（A）

危険

第1条　この保険は、下記第4条、第5条、第6条および第7条の規定により除外された場合を除き、保険の目的物の滅失または損傷の一切の危険を担保する。

共同海損

第2条　この保険は、下記第4条、第5条、第6条および第7条において除外された事由を除く一切の事由による損害を避けるためか、またはこれを避けることに関連して生じ、運送契約および／または準拠法および慣習法に従って精算されまたは決定された共同海損および救助料をてん補する。

……………………………………

2009年ICC（B）

危険

第1条　この保険は、下記第4条、第5条、第6条および第7条の規定により除外された場合を除き、以下のものをてん補する。

1.1　以下の事由に原因を合理的に期しうる保険の目的物の滅失または損傷

　1.1.1　火災または爆発

　1.1.2　船舶又は艀の座礁、乗揚げ、沈没または転覆

……………………………………

2009年ICC（C）

危険

第1条　この保険は、下記第4条、第5条、第6条および第7条の規定により除外された場合を除き、以下のものをてん補する。

1.1　以下の事由に原因を合理的に期しうる保険の目的物の滅失または損傷

　1.1.1　火災または爆発

……………………………………

2009年協会戦争約款

……………………………………

……………………………………

2009年協会ストライキ約款

……………………………………

……………………………………

海賊約款

……………………………………

協会修繕約款

……………………………………

輸入税補償約款

……………………………………

艙内積または甲板積約款

……………………………………

郵便物・小包郵便特別約款

……………………………………

●資料7●商業信用状のイメージ（表面）

発行銀行　◇◇銀行

発行日　20XX年△月□日

取消不能信用状番号　WS987654

通知銀行　□△銀行 上海（中国）

受益者　×□会社

発行依頼人 ○×貿易株式会社

有効期限　20XX年◇年×日

信用状金額　150万米ドル

船積期限　20XX年□月△日から20XX年□月○日まで

船積書類は次の通りとします。

信用状番号が記載された商業送り状

総量と梱包状態が記載された梱包明細書

指図式無故障船荷証券

物品の明細　光ファイバー原材料:オプチカル・ファイバーZ

貿易条件　CIF上海（中国）

書類の呈示期間　船積みから30日以内

買取銀行は、書類を2通別々の航空便で当行に送付すること。

この信用状条件にしたがって振り出され、かつ、買い取られた手形については、呈示され次第、支払いを行うことを確約します。

明示による特段の定めがない限り、この商業信用状は、荷為替信用状に関する統一規則および慣例（2006年のUCP600）に準拠します。

この信用状に確認通知は不要です。

（裏面）

発行銀行の名称 ◇◇銀行 発行地　福岡（日本）	取消不能信用状　WS987654 有効期限　20XX年◇年×日
発行依頼人 ○×貿易株式会社	受益者 ×□会社

……………………………………………………………………………………………………
……………………………………………………………………………………………………
…………………………………………………………………………………………

……………………………………………………………………………………………………
……………………………………………………………………………………………………
……………………………………………………………………………………………………
……………………………………………………………………………………………………
…………………………………………………………………………………………

……………………………………………………………………………………………………
……………………………………………………………………………………………………
……………………………………………

署　名 ________________________

索　引

あ　行

か　行

さ　行

た　行

な　行

は　行

ま　行

や　行

ら　行

わ 行

執筆者紹介

（執筆順。※は編者）

氏名	所属	担当
※多田　望（ただ　のぞみ）	西南学院大学法学部教授	第１章、第６章、付属資料
小池　未来（こいけ　みく）	大阪大学大学院高等司法研究科准教授	第２章
松永詩乃美（まつなが　しのみ）	追手門学院大学法学部准教授	第３章
寺井　里沙（てらい　りさ）	広島市立大学国際学部准教授	第４章
※北坂　尚洋（きたさか　なおひろ）	福岡大学法学部教授	第５章、付属資料
片岡　雅世（かたおか　まさよ）	福岡工業大学社会環境学部准教授	第７章
申　美穂（しん　みほ）	明治学院大学法学部准教授	第８章
黄　軔霆（こう　じんてい）	帝塚山大学法学部教授	第９章
田中　美穂（たなか　みほ）	近畿大学法学部教授	第10章

Horitsu Bunka Sha

ベーシック国際取引法

2023年12月10日　初版第1刷発行

編　者　多田　望・北坂尚洋

発行者　畑　　光

発行所　株式会社 法律文化社

〒603-8053
京都市北区上賀茂岩ヶ垣内町71
電話 075(791)7131　FAX 075(721)8400
https://www.hou-bun.com/

印刷：共同印刷工業㈱／製本：㈲坂井製本所
装幀：白沢　正

ISBN 978-4-589-04295-8